Compilación de documentos fundamentales del sistema del Tratado Antártico

Quinta edición

Secretariat of the Antarctic Treaty

Secrétariat du Traité sur l'Antarctique

Секретариат Договора об Антарктике

Secretaría del Tratado Antártico

Compilación de documentos fundamentales del sistema del Tratado Antártico

Quinta edición

Secretaría del Tratado Antártico

Buenos Aires

2021

COMPILACIÓN de documentos fundamentales del sistema del Tratado Antártico. *Quinta edición*

Buenos Aires : Secretaría del Tratado Antártico, 2021

190p.

ISBN 978-987-8929-08-8

1. Derecho internacional. 2. Sistema del Tratado Antártico. 3. Acuerdos internacionales.

DDC 341.2

ÍNDICE DE CONTENIDOS

TRATADO ANTÁRTICO

WASHINGTON, D. C. - OCTOBER 15, 1959

December 1, 1959

FINAL ACT

ACTE FINAL

ЗАКЛЮЧИТЕЛЬНЫЙ АКТ

ACTA FINAL

ACTA FINAL

Los Gobiernos de Argentina, Australia, Bélgica, Chile, la
República Francesa, Japón, Nueva Zelandia, Noruega, la Unión del
Africa del Sur, la Unión de Repúblicas Socialistas Soviéticas, el
Reino Unido de Gran Bretaña e Irlanda del Norte y los Estados Unidos
de América,

Habiendo aceptado la invitación que les extendiera, el 2 de
mayo de 1958, el Gobierno de los Estados Unidos de América, con el
fin de participar en una Conferencia sobre la Antártida, en la que
estarían representadas las doce naciones que cooperaron en el programa antártico del Año Geofísico Internacional,

Designaron sus respectivos Representantes, cuyos nombres figuran a continuación:

Argentina

Representante

    Excmo.
    Señor Adolfo Scilingo
    (Jefe de Delegación)

Representante Alterno

    Señor Doctor Francisco R. Bello

Australia

Representantes

Excmo.
Señor Richard Gardiner Casey
(Jefe de Delegación)

Excmo.
Señor Howard Beale
(Jefe Alterno de Delegación)

Representantes Alternos

Señor J. C. G. Kevin

Señor M. R. Booker

Bélgica

Representante

Excmo.
Señor Vizconde Obert de Thieusies
(Jefe de Delegación)

Representantes Alternos

Señor Jean de Bassompierre

Señor Alfred van der Essen

Chile

Representantes

Excmo.
Señor Marcial Mora
(Jefe de Delegación)

Excmo.
Señor Enrique Gajardo

Excmo.
Señor Julio Escudero

Representante Alterno

Señor Horacio Suárez

República Francesa

Representante

Excmo.
Señor Pierre Charpentier
(Jefe de Delegación)

Representante Alterno

Señor Guy Scalabre

Japón

Representantes

Excmo.
Señor Koichiro Asakai
(Jefe de Delegación)

Señor Takeso Shimoda

Nueva Zelandia

Representantes

Excmo.
Señor Walter Nash
(Jefe de Delegación)

Señor A. D. McIntosh
(Jefe Alterno de Delegación)

Representante Alterno

Señor G. D. L. White

Noruega

Representantes

Excmo.
Señor Paul Koht
(Jefe de Delegación)

Señor Torfinn Oftedal
(Jefe Alterno de Delegación)

Representantes Alternos

Señor Doctor Anders K. Orvin

Señor Gunnar Haerum

Unión del Africa del Sur

Representantes

Excmo.
Señor Eric H. Louw
(Jefe de Delegación)

Excmo.
Señor W. C. du Plessis
(Jefe Alterno de Delegación)

Representantes Alternos

Señor J. G. Stewart

Señor A. G. Dunn

Señor D. Stuart Franklin

Unión de Repúblicas Socialistas Soviéticas

Representantes

Excmo.
Señor Vasili V. Kuznetsov
(Jefe de Delegación)

Señor Grigory I. Tunkin

Representantes Alternos

Señor Alexander A. Afanasiev

Vice Almirante Valentin A. Chekurov

Señor Mikhail M. Somov

Señor Mikhail N. Smirnovsky

Reino Unido de Gran Bretaña e Irlanda del Norte

Representantes

Sir Esler Dening
(Jefe de Delegación)

Excmo.
Sir Harold Caccia

Representantes Alternos

Señor H. N. Brain

Vizconde Hood

Estados Unidos de América

Representante

    Excmo.
Señor Herman Phleger
(Jefe de Delegación)

Representantes Alternos

    Excmo.
Señor Paul C. Daniels

Señor George H. Owen

La Conferencia se reunió en Washington el 15 de octubre de 1959. Como base de sus deliberaciones utilizó los documentos de trabajo considerados durante las conversaciones preliminares extra oficiales entre los representantes de los doce Estados que se habían reunido en Washington, en virtud de la mencionada invitación del Gobierno de los Estados Unidos de América.

En la sesión plenaria de apertura fue elegido Presidente de la Conferencia Su Excelencia el Embajador Señor Herman Phleger, Jefe de la Delegación de los Estados Unidos. El Señor Henry E. Allen fue nombrado Secretario General y Relator de la Conferencia.

Para la consideración de los temas de la agenda de la Conferencia se establecieron dos Comisiones con presidencia rotativa. Después de la consideración inicial de tales temas, las Comisiones fueron refundidas para formar una Comisión Plenaria. También se establecieron una Comisión de Credenciales, una Comisión de Redacción y una Comisión de Estilo.

La sesión de clausura de la Conferencia se celebró el 1º de diciembre de 1959.

Como resultado de las deliberaciones de la Conferencia, según figura en las actas e informes de las respectivas Comisiones y de las Sesiones Plenarias, la Conferencia elaboró y sometió a la firma, el 1° de diciembre de 1959, el Tratado Antártico.

La Conferencia recomendó a los Gobiernos participantes que nombren representantes a fin de que se reúnan en Washington, dentro de los dos meses después de firmarse el presente Tratado, y a partir de esa fecha, en las oportunidades que juzguen convenientes, hasta tanto entre en vigencia el presente Tratado, con el fin de consultarse entre sí y recomendar a sus Gobiernos aquellos arreglos provisorios que consideren convenientes, respecto a las materias contempladas en el presente Tratado.

EN TESTIMONIO DE LO CUAL, los siguientes Plenipotenciarios suscriben la presente Acta Final.

HECHA en Washington, el primer día del mes de diciembre de mil novecientos cincuenta y nueve, en los idiomas inglés, francés, ruso y español, siendo cada texto igualmente auténtico, en un solo original que será depositado en los Archivos del Gobierno de los Estados Unidos de América. El Gobierno de los Estados Unidos de América enviará copias certificadas de la presente Acta a todos los demás Gobiernos representados en la Conferencia.

FOR ARGENTINA:
POUR L'ARGENTINE:
ЗА АРГЕНТИНУ:
POR LA ARGENTINA:

FOR AUSTRALIA:
POUR L'AUSTRALIE:
ЗА АВСТРАЛИЮ:
POR AUSTRALIA:

FOR BELGIUM:
POUR LA BELGIQUE:
ЗА БЕЛЬГИЮ:
POR BELGICA:

FOR CHILE:
POUR LE CHILI:
ЗА ЧИЛИ:
POR CHILE:

FOR THE FRENCH REPUBLIC:
POUR LA REPUBLIQUE FRANCAISE:
ЗА ФРАНЦУЗСКУЮ РЕСПУБЛИКУ:
POR LA REPUBLICA FRANCESA:

FOR JAPAN:
POUR LE JAPON:
ЗА ЯПОНИЮ:
POR JAPON:

FOR NEW ZEALAND
POUR LA NOUVELLE-ZELANDE:
ЗА НОВУЮ ЗЕЛАНДИЮ:
POR NUEVA ZELANDIA:

FOR NORWAY
POUR LA NORVEGE:
ЗА НОРВЕГИЮ:
POR NORUEGA:

FOR THE UNION OF SOUTH AFRICA:
POUR L'UNION SUD-AFRICAINE:
ЗА ЮЖНО-АФРИКАНСКИЙ СОЮЗ:
POR LA UNION DEL AFRICA DEL SUR:

FOR THE UNION OF SOVIET SOCIALIST REPUBLICS:
POUR L'UNION DES REPUBLIQUES SOCIALISTES SOVIETIQUES:
ЗА СОЮЗ СОВЕТСКИХ СОЦИАЛИСТИЧЕСКИХ РЕСПУБЛИК:
POR LA UNION DE REPUBLICAS SOCIALISTAS SOVIETICAS:

FOR THE UNITED KINGDOM OF GREAT BRITAIN AND NORTHERN IRELAND:
POUR LE ROYAUME-UNI DE GRANDE-BRETAGNE ET D'IRLANDE DU NORD:
ЗА СОЕДИНЕННОЕ КОРОЛЕВСТВО ВЕЛИКОБРИТАНИИ И СЕВЕРНОЙ ИРЛАНДИИ:
POR EL REINO UNIDO DE GRAN BRETANA E IRLANDA DEL NORTE:

FOR THE UNITED STATES OF AMERICA:
POUR LES ETATS-UNIS D'AMERIQUE:
ЗА СОЕДИНЕННЫЕ ШТАТЫ АМЕРИКИ:
POR LOS ESTADOS UNIDOS DE AMERICA:

I CERTIFY THAT the foregoing is a true copy of the Final Act of the Conference on Antarctica signed at Washington on December 1, 1959 in the English, French, Russian, and Spanish languages, the signed original of which is deposited in the archives of the Government of the United States of America.

IN TESTIMONY WHEREOF, I, CHRISTIAN A. HERTER, Secretary of State of the United States of America, have hereunto caused the seal of the Department of State to be affixed and my name subscribed by the Authentication Officer of the said Department, at the city of Washington, in the District of Columbia, this second day of December, 1959.

____
Secretary of State

By ___________________________
Authentication Officer
Department of State

EL TRATADO ANTÁRTICO

Los Gobiernos de Argentina, Australia, Bélgica, Chile, la República Francesa, Japón, Nueva Zelandia, Noruega, la Unión del África del Sur, la Unión de Repúblicas Socialistas Soviéticas, el Reino Unido de Gran Bretaña e Irlanda del Norte y los Estados Unidos de América,

Reconociendo que es en interés de toda la humanidad que la Antártida continúe utilizándose siempre exclusivamente para fines pacíficos y que no llegue a ser escenario u objeto de discordia internacional;

Reconociendo la importancia de las contribuciones aportadas al conocimiento científico como resultado de la cooperación internacional en la investigación científica en la Antártida;

Convencidos de que el establecimiento de una base sólida para la continuación y el desarrollo de dicha cooperación, fundada en la libertad de investigación científica en la Antártida, como fuera aplicada durante el Año Geofísico Internacional, concuerda con los intereses de la ciencia y el progreso de toda la humanidad;

Convencidos, también, de que un Tratado que asegure el uso de la Antártida exclusivamente para fines pacíficos y la continuación de la armonía internacional en la Antártida promoverá los propósitos y principios enunciados en la Carta de las Naciones Unidas,

Han acordado lo siguiente:

ARTÍCULO I

La Antártida se utilizará exclusivamente para fines pacíficos. Se prohíbe, entre otras, toda medida de carácter militar, tal como el establecimiento de bases y fortificaciones militares, la realización de maniobras militares, así como los ensayos de toda clase de armas.

El presente Tratado no impedirá el empleo de personal o equipo militares para investigaciones científicas o para cualquier otro fin pacífico.

ARTÍCULO II

La libertad de investigación científica en la Antártida y la cooperación hacia ese fin, como fueran aplicadas durante el Año Geofísico Internacional, continuarán, sujetas a las disposiciones del presente Tratado.

ARTÍCULO III

1.   Con el fin de promover la cooperación internacional en la investigación científica en la Antártida, prevista en el artículo II del presente Tratado, las Partes Contratantes acuerdan proceder, en la medida más amplia posible:

   a)   al intercambio de información sobre los proyectos de programas científicos en la Antártida, a fin de permitir el máximo de economía y eficiencia en las operaciones;

   b)   al intercambio de personal científico entre las expediciones y estaciones en la Antártida;

   c)   al intercambio de observaciones y resultados científicos sobre la Antártida, los cuales estarán disponibles libremente.

2.   Al aplicarse este artículo se dará el mayor estímulo al establecimiento de relaciones cooperativas de trabajo con aquellos Organismos Especializados de las Naciones Unidas y con otras organizaciones internacionales que tengan interés científico o técnico en la Antártida.

ARTÍCULO IV

1.   Ninguna disposición del presente Tratado se interpretará:

   a)   como una renuncia, por cualquiera de las Partes Contratantes, a sus derechos de soberanía territorial o a las reclamaciones territoriales en la Antártida, que hubiere hecho valer precedentemente;

   b)   como una renuncia o menoscabo, por cualquiera de las Partes Contratantes, a cualquier fundamento de reclamación de soberanía territorial en la Antártida que pudiera tener, ya sea como resultado de sus actividades o de las de sus nacionales en la Antártida, o por cualquier otro motivo;

   c)   como perjudicial a la posición de cualquiera de las Partes Contratantes, en lo concerniente a su reconocimiento o no reconocimiento del derecho de soberanía territorial, de una reclamación o de un fundamento de reclamación de soberanía territorial de cualquier otro Estado en la Antártida.

2   Ningún acto o actividad que se lleve a cabo mientras el presente Tratado se halle en vigencia constituirá fundamento para hacer valer, apoyar o negar una reclamación de soberanía territorial en la Antártida, ni para crear derechos de

soberanía en esta región. No se harán nuevas reclamaciones de soberanía territorial en la Antártida, ni se ampliarán las reclamaciones anteriormente hechas valer, mientras el presente Tratado se halle en vigencia.

ARTÍCULO V

1.   Toda explosión nuclear en la Antártida y la eliminación de desechos radiactivos en dicha región quedan prohibidas.

2.   En caso de que se concluyan acuerdos internacionales relativos al uso de la energía nuclear, comprendidas las explosiones nucleares y la eliminación de desechos radiactivos, en los que sean Partes todas las Partes Contratantes cuyos representantes estén facultados a participar en las reuniones previstas en el artículo IX, las normas establecidas en tales acuerdos se aplicarán en la Antártida.

ARTÍCULO VI

Las disposiciones del presente Tratado se aplicarán a la región situada al sur de los 60° de latitud Sur, incluidas todas las barreras de hielo; pero nada en el presente Tratado perjudicará o afectará en modo alguno los derechos o el ejercicio de los derechos de cualquier Estado conforme al Derecho Internacional en lo relativo a la alta mar dentro de esa región.

ARTÍCULO VII

1.   Con el fin de promover los objetivos y asegurar la aplicación de las disposiciones del presente Tratado, cada una de las Partes Contratantes, cuyos representantes estén facultados a participar en las reuniones a que se refiere el artículo IX de este Tratado, tendrá derecho a designar observadores para llevar a cabo las inspecciones previstas en el presente artículo. Los observadores serán nacionales de la Parte Contratante que los designa. Sus nombres se comunicarán a cada una de las demás Partes Contratantes que tienen derecho a designar observadores, y se les dará igual aviso cuando cesen en sus funciones.

2.   Todos los observadores designados de conformidad con las disposiciones del párrafo 1 de este artículo gozarán de entera libertad de acceso, en cualquier momento, a cada una y a todas las regiones de la Antártida.

3.   Todas las regiones de la Antártida, y todas las estaciones, instalaciones y equipos que allí se encuentren, así como todos los navíos y aeronaves, en los puntos de embarque y desembarque de personal o de carga en la Antártida, estarán abiertos en todo momento a la inspección por parte de cualquier observador designado de conformidad con el párrafo 1 de este artículo.

4.   La observación aérea podrá efectuarse, en cualquier momento, sobre cada una y todas las regiones de la Antártida por cualquiera de las Partes Contratantes que estén facultadas a designar observadores.

5.   Cada una de las Partes Contratantes, al entrar en vigencia respecto de ella el presente Tratado, informará a las otras Partes Contratantes y, en lo sucesivo, les informará por adelantado sobre:

a)   toda expedición a la Antártida y dentro de la Antártida en la que participen sus navíos o nacionales, y sobre todas las expediciones a la Antártida que se organicen o partan de su territorio;

b)   todas las estaciones en la Antártida ocupadas por sus nacionales, y

c)   todo personal o equipo militares que se proyecte introducir en la Antártida, con sujeción a las disposiciones del párrafo 2 del artículo I del presente Tratado.

ARTÍCULO VIII

1.   Con el fin de facilitarles el ejercicio de las funciones que les otorga el presente Tratado, y sin perjuicio de las respectivas posiciones de las Partes Contratantes, en lo que concierne a la jurisdicción sobre todas las demás personas en la Antártida, los observadores designados de acuerdo con el párrafo 1 del artículo VII y el personal científico intercambiado de acuerdo con el subpárrafo 1(b) del artículo III del Tratado, así como los miembros del personal acompañante de dichas personas, estarán sometidos sólo a la jurisdicción de la Parte Contratante de la cual sean nacionales, en lo referente a las acciones u omisiones que tengan lugar mientras se encuentren en la Antártida con el fin de ejercer sus funciones.

2.   Sin perjuicio de las disposiciones del párrafo 1 de este artículo, y en espera de la adopción de medidas expresadas en el subpárrafo 1(e) del artículo IX, las Partes Contratantes, implicadas en cualquier controversia con respecto al ejercicio de la jurisdicción en la Antártida, se consultarán inmediatamente con el ánimo de alcanzar una solución mutuamente aceptable.

ARTÍCULO IX

1.   Los representantes de las Partes Contratantes, nombradas en el preámbulo del presente Tratado, se reunirán en la ciudad de Canberra dentro de los dos meses después de la entrada en vigencia del presente Tratado y, en adelante, a intervalos y en lugares apropiados, con el fin de intercambiar informaciones, consultarse mutuamente sobre asuntos de interés común relacionados con la Antártida, y formular, considerar y recomendar a sus Gobiernos medidas para promover los principios y objetivos del presente Tratado, inclusive medidas relacionadas con:

a)   uso de la Antártida para fines exclusivamente pacíficos;

b)   facilidades para la investigación científica en la Antártida;

c)   facilidades para la cooperación científica internacional en la Antártida;

d)   facilidades para el ejercicio de los derechos de inspección previstos en el artículo VII del presente Tratado;

e)   cuestiones relacionadas con el ejercicio de la jurisdicción en la Antártida;

f)   protección y conservación de los recursos vivos de la Antártida.

2.   Cada una de las Partes Contratantes que haya llegado a ser Parte del presente Tratado por adhesión, conforme al artículo XIII, tendrá derecho a nombrar representantes que participarán en las reuniones mencionadas en el párrafo 1 del presente artículo, mientras dicha Parte Contratante demuestre su interés en la Antártida mediante la realización en ella de investigaciones científicas importantes, como el establecimiento de una estación científica o el envío de una expedición científica.

3.   Los informes de los observadores mencionados en el artículo VII del presente Tratado serán transmitidos a los representantes de las Partes Contratantes que participen en las reuniones a que se refiere el párrafo 1 del presente artículo.

4.   Las medidas contempladas en el párrafo 1 de este artículo entrarán en vigencia cuando las aprueben todas las Partes Contratantes, cuyos representantes estuvieron facultados a participar en las reuniones que se celebraron para considerar esas medidas.

5.   Cualquiera o todos los derechos establecidos en el presente Tratado podrán ser ejercidos desde la fecha de su entrada en vigencia, ya sea que las medidas para facilitar el ejercicio de tales derechos hayan sido o no propuestas, consideradas o aprobadas conforme a las disposiciones de este artículo.

ARTÍCULO X

Cada una de las Partes Contratantes se compromete a hacer los esfuerzos apropiados, compatibles con la Carta de las Naciones Unidas, con el fin de que nadie lleve a cabo en la Antártida ninguna actividad contraria a los propósitos y principios del presente Tratado.

ARTÍCULO XI

1. En caso de surgir una controversia entre dos o más de las Partes Contratantes, concerniente a la interpretación o a la aplicación del presente Tratado, dichas Partes Contratantes se consultarán entre sí con el propósito de resolver la controversia por negociación, investigación, mediación, conciliación, arbitraje, decisión judicial u otros medios pacíficos, a su elección.

2. Toda controversia de esa naturaleza, no resuelta por tales medios, será referida a la Corte Internacional de Justicia, con el consentimiento, en cada caso, de todas las partes en controversia, para su resolución; pero la falta de acuerdo para referirla a la Corte Internacional de Justicia no dispensará a las partes en controversia de la responsabilidad de seguir buscando una solución por cualquiera de los diversos medios pacíficos contemplados en el párrafo 1 de este artículo.

ARTÍCULO XII

1. a) El presente Tratado podrá ser modificado o enmendado, en cualquier momento, con el consentimiento unánime de las Partes Contratantes, cuyos representantes estén facultados a participar en las reuniones previstas en el artículo IX. Tal modificación o tal enmienda entrará en vigencia cuando el Gobierno depositario haya sido notificado por la totalidad de dichas Partes Contratantes de que las han ratificado.

    b) Subsiguientemente, tal modificación o tal enmienda entrará en vigencia, para cualquier otra Parte Contratante, cuando el Gobierno depositario haya recibido aviso de su ratificación. Si no se recibe aviso de ratificación de dicha Parte Contratante dentro del plazo de dos años, contados desde la fecha de entrada en vigencia de la modificación o enmienda, en conformidad con lo dispuesto en el subpárrafo 1(a) de este artículo, se la considerará como habiendo dejado de ser Parte del presente Tratado en la fecha de vencimiento de tal plazo.

2. a) Si después de expirados treinta años, contados desde la fecha de entrada en vigencia del presente Tratado, cualquiera de las Partes Contratantes, cuyos representantes estén facultados a participar en las reuniones previstas en el artículo IX, así lo solicita, mediante una comunicación dirigida al Gobierno depositario, se celebrará, en el menor plazo posible, una Conferencia de todas las Partes Contratantes para revisar el funcionamiento del presente Tratado.

b) Toda modificación o toda enmienda al presente Tratado, aprobada en tal Conferencia por la mayoría de las Partes Contratantes en ella representadas, incluyendo la mayoría de aquéllas cuyos representantes están facultados a participar en las reuniones previstas en el artículo IX, se comunicará a todas las Partes Contratantes por el Gobierno depositario, inmediatamente después de finalizar la Conferencia, y entrará en vigencia de conformidad con lo dispuesto en el párrafo 1 del presente artículo.

c) Si tal modificación o tal enmienda no hubiere entrado en vigencia, de conformidad con lo dispuesto en el subpárrafo 1(a) de este artículo, dentro de un período de dos años, contados desde la fecha de su comunicación a todas las Partes Contratantes, cualquiera de las Partes Contratantes podrá, en cualquier momento, después de la expiración de dicho plazo, informar al Gobierno depositario que ha dejado de ser parte del presente Tratado, y dicho retiro tendrá efecto dos años después que el Gobierno depositario haya recibido esta notificación.

ARTÍCULO XIII

1.   El presente Tratado estará sujeto a la ratificación por parte de los Estados signatarios. Quedará abierto a la adhesión de cualquier Estado que sea miembro de las Naciones Unidas, o de cualquier otro Estado que pueda ser invitado a adherirse al Tratado con el consentimiento de todas las Partes Contratantes cuyos representantes estén facultados a participar en las reuniones previstas en el artículo IX del Tratado.

2.   La ratificación del presente Tratado o la adhesión al mismo será efectuada por cada Estado de acuerdo con sus procedimientos constitucionales.

3.   Los instrumentos de ratificación y los de adhesión serán depositados ante el Gobierno de los Estados Unidos de América, que será el Gobierno depositario.

4.   El Gobierno depositario informará a todos los Estados signatarios y adherentes sobre la fecha de depósito de cada instrumento de ratificación o de adhesión y sobre la fecha de entrada en vigencia del Tratado y de cualquier modificación o enmienda al mismo.

5.   Una vez depositados los instrumentos de ratificación por todos los Estados signatarios, el presente Tratado entrará en vigencia para dichos Estados y para los Estados que hayan depositado sus instrumentos de adhesión. En lo sucesivo, el Tratado entrará en vigencia para cualquier Estado adherente una vez que deposite su instrumento de adhesión.

6.   El presente Tratado será registrado por el Gobierno depositario conforme al artículo 102 de la Carta de las Naciones Unidas.

ARTÍCULO XIV

El presente Tratado, hecho en los idiomas inglés, francés, ruso y español, siendo cada uno de estos textos igualmente auténtico, será depositado en los Archivos del Gobierno de los Estados Unidos de América, el que enviará copias debidamente certificadas del mismo a los Gobiernos de los Estados signatarios y de los adherentes.

EN TESTIMONIO DE LO CUAL, los infrascritos Plenipotenciarios, debidamente autorizados, suscriben el presente Tratado.

HECHO en Washington, el primer día del mes de diciembre de mil novecientos cincuenta y nueve.

PROTOCOLO SOBRE PROTECCIÓN
DEL MEDIO AMBIENTE

ACTA FINAL DE LA XI REUNIÓN CONSULTIVA ESPECIAL DEL TRATADO ANTÁRTICO

La sesión final de la XI Reunión Consultiva Especial del Tratado Antártico, convocada de conformidad con la Recomendación XV-1, se celebró en Madrid el 3 y 4 de octubre de 1991. A la Reunión asistieron representantes de las Partes Consultivas del Tratado Antártico (Alemania, Argentina, Australia, Bélgica, Brasil, Chile, China, Ecuador, España, Estados Unidos de América, Finlandia, Francia, India, Italia, Japón, Noruega, Nueva Zelanda, Países Bajos, Perú, Polonia, Reino Unido, República de Corea, Sudáfrica, Suecia, Unión de Repúblicas Socialistas Soviéticas, y Uruguay). A la reunión también asistieron delegaciones de las Partes Contratantes del Tratado Antártico que no son Partes Consultivas (Austria, Bulgaria, Canadá, Checo-Eslovaquia, Colombia, Cuba, Dinamarca, Grecia, Hungría, República Democrática Popular de Corea, Rumania y Suiza). Asistieron a la Reunión como observadores representantes de organizaciones internacionales gubernamentales y no gubernamentales (Coalición de la Antártida y del Océano Austral, Comité Científico de Investigación Antártica, Comisión para la Conservación de los Recursos Marinos Vivos Antárticos, Comisión de las Comunidades Europeas, Comisión Oceanográfica Intergubernamental, Organización Meteorológica Mundial y Unión Internacional para la Conservación para la Naturaleza y los Recursos Naturales.

Como resultado de las deliberaciones, resumidas en el Informe Final de la XI Reunión Consultiva Especial del Tratado Antártico, las Partes Consultivas del Tratado Antártico adoptaron en los idiomas oficiales del Tratado Antártico el «Protocolo al Tratado Antártico sobre Protección del Medio Ambiente» y cuatro Anexos al Protocolo, que forman parte integrante del mismo, a saber, Anexo I sobre la Evaluación del Impacto sobre el Medio Ambiente, Anexo II sobre la Conservación de la Fauna y Flora Antárticas, Anexo III sobre la Eliminación y Tratamiento de Residuos, Anexo IV sobre la Prevención de la Contaminación Marina. El texto del Protocolo y de los cuatro Anexos se adjunta a la presente Acta Final. El Protocolo prevé la posibilidad de adoptar Anexos adicionales.

El Protocolo dispone que estará abierto a la firma en Madrid el 4 de octubre de 1991 y más adelante en Washington hasta el 3 octubre de 1992.

En el Protocolo las Partes se comprometen a la protección del medio ambiente antártico y de sus ecosistemas dependientes y asociados y designan a la Antártida como reserva natural dedicada a la paz y a la ciencia.

En este contexto, la Reunión acordó que, en tanto no entre en vigor el Protocolo, lo que debería producirse tan pronto fuera posible, deben continuar las actuales restricciones sobre las actividades relativas a los recursos minerales antárticos.

La Reunión tomó nota que la explotación de hielo no era considerada una actividad relativa a los recursos minerales antárticos; se acordó, por tanto, que si la explotación de hielo llegara a resultar posible en el futuro, se entendía que serían aplicables las disposiciones del Protocolo, con excepción del artículo 7.

La Reunión tomó nota que nada en el Protocolo afectará a los derechos y obligaciones de las Partes, según lo dispuesto en la Convención para la Conservación de los Recursos Marinos Vivos Antárticos, la Convención para la Conservación de las Focas Antárticas y la Convención Internacional para la Reglamentación de la Caza de la Ballena.

Con respecto a las actividades a las cuales se refiere el artículo 8, la Reunión tomó nota que no se pretendía que aquellas actividades incluyeran actividades emprendidas en el área del Tratado Antártico en conformidad con la Convención sobre la Conservación de los Recursos Vivos Marinos Antárticos o la Convención sobre la Conservación de las Focas Antárticas.

La Reunión subrayó el compromiso de las Partes del Protocolo, en su artículo 16, de elaborar normas y procedimientos relativos a la responsabilidad por daños derivados de las actividades que se lleven a cabo en el área del Tratado Antártico y a las que se aplica el Protocolo, al objeto de su inclusión en uno o más Anexos y expresó el deseo de que su elaboración comenzara en breve plazo. En este contexto, se entendió que se debería incluir en dicha elaboración la responsabilidad por daños producidos al medio ambiente antártico.

La Reunión tomó nota que, con relación a la competencia del Tribunal Arbitral, según los artículos 19 y 20 del Protocolo, para dictar un laudo sobre cualquier asunto, se entendía que el Tribunal no se pronunciaría en cuanto a los daños hasta que hubiera entrado en vigor un régimen jurídicamente obligatorio, en virtud de un Anexo o Anexos, de conformidad con el artículo 16.

Con relación al artículo 18, la Reunión acordó elaborar un procedimiento de investigación para facilitar la solución de las controversias relativas a la interpretación o aplicación del artículo 3 con respecto a las actividades desarrolladas o que han sido propuestas para su desarrollo en el área del Tratado Antártico.

La Reunión reconoció que, si bien no se permitirán reservas al Protocolo, esto no impediría que un Estado, en el momento de firmar, ratificar, aceptar o aprobar el Protocolo, o adherirse a él, hiciera declaraciones, cualquiera que fuese su expresión o denominación, con el fin, entre otras cosas, de armonizar sus leyes y reglamentos con el Protocolo, siempre que tales declaraciones no pretendan excluir o modificar el efecto jurídico del Protocolo en su aplicación a ese Estado.

La Reunión acordó que el contenido de este Acta Final en nada afecta a la posición jurídica de las Partes, con arreglo a lo dispuesto en el artículo IV del Tratado Antártico.

La Reunión acordó que era conveniente asegurar en fecha próxima la aplicación efectiva de las disposiciones del Protocolo. Se acordó que hasta la entrada en vigor definitiva del Protocolo era conveniente que todas las Partes Contratantes del Tratado Antártico aplicasen los anexos I-IV, de acuerdo con sus sistemas legales y que en la medida posible adoptasen de forma individual las medidas necesarias para que esto suceda lo más pronto posible.

Hecho en Madrid, el cuatro de octubre de 1991, en un ejemplar único en los cuatro idiomas del Tratado Antártico para su depósito en los archivos del Gobierno de los Estados Unidos de América, que remitirá una copia certificada a todas las Partes Contratantes del Tratado Antártico.

PROTOCOLO AL TRATADO ANTÁRTICO SOBRE PROTECCIÓN DEL MEDIO AMBIENTE

PREÁMBULO

Los Estados Parte de este Protocolo al Tratado Antártico, en adelante denominados las Partes,

Convencidos de la necesidad de incrementar la protección del medio ambiente antártico y de los ecosistemas dependientes y asociados;

Convencidos de la necesidad de reforzar el sistema del Tratado Antártico para garantizar que la Antártica siga utilizándose siempre exclusivamente para fines pacíficos y no se convierta en escenario u objeto de discordia internacional;

Teniendo en cuenta la especial situación jurídica y política de la Antártica y la especial responsabilidad de las Partes Consultivas del Tratado Antártico de garantizar que todas las actividades que se desarrollen en la Antártica sean compatibles con los propósitos y principios del Tratado Antártico;

Recordando la designación de la Antártica como Área de Conservación Especial y otras medidas adoptadas con arreglo al sistema del Tratado Antártico para proteger el medio ambiente antártico y los ecosistemas dependientes y asociados;

Reconociendo además las oportunidades únicas que ofrece la Antártica para la observación científica y la investigación de procesos de importancia global y regional;

Reafirmando los principios de conservación de la Convención sobre la Conservación de los Recursos Vivos Marinos Antárticos;

Convencidos de que el desarrollo de un sistema global de protección del medio ambiente de la Antártica y de los ecosistemas dependientes y asociados interesa a la humanidad en su conjunto;

Deseando complementar con este fin el Tratado Antártico;

Acuerdan lo siguiente:

ARTÍCULO 1
DEFINICIONES

Para los fines de este Protocolo:

a) "El Tratado Antártico" significa el Tratado Antártico hecho en Washington el 1 de diciembre de 1959;

b) "Área del Tratado Antártico" significa el área a que se aplican las disposiciones del Tratado Antártico de acuerdo con el artículo VI de ese Tratado;

c) "Reuniones Consultivas del Tratado Antártico" significa las reuniones a las que se refiere el artículo IX del Tratado Antártico;

d) "Partes Consultivas del Tratado Antártico" significa las Partes Contratantes del Tratado Antártico con derecho a designar representantes para participar en las reuniones a las cuales se refiere el artículo IX de ese Tratado;

e) "Sistema del Tratado Antártico" significa el Tratado Antártico, las medidas en vigor según ese Tratado, sus instrumentos internacionales asociados separados en vigor y las medidas en vigor según esos instrumentos;

f) "Tribunal Arbitral" significa el Tribunal Arbitral establecido de acuerdo con el Apéndice a este Protocolo que forma parte integrante del mismo;

g) "Comité" significa el Comité para la Protección del Medio Ambiente establecido de acuerdo con el artículo 11.

ARTÍCULO 2
OBJETIVO Y DESIGNACIÓN

Las Partes se comprometen a la protección global del medio ambiente antártico y los ecosistemas dependientes y asociados y, mediante el presente Protocolo, designan a la Antártica como reserva natural, consagrada a la paz y a la ciencia

ARTÍCULO 3
PRINCIPIOS MEDIOAMBIENTALES

1. La protección del medio ambiente antártico y los ecosistemas dependientes y asociados, así como del valor intrínseco de la Antártica, incluyendo sus valores de vida silvestre y estéticos y su valor como área para la realización de investigaciones científicas, en especial las esenciales para la comprensión del medio ambiente global, deberán ser consideraciones fundamentales para la planificación y realización de todas las actividades que se desarrollen en el área del Tratado Antártico.

2. Con este fin:

a) las actividades en el área del Tratado Antártico serán planificadas y realizadas de tal manera que se limite el impacto perjudicial sobre el medio ambiente antártico y los ecosistemas dependientes y asociados;

b) las actividades en el área del Tratado Antártico serán planificadas y realizadas de tal manera que se eviten:

  i) efectos perjudiciales sobre las características climáticas y meteorológicas;

  ii) efectos perjudiciales significativos en la calidad del agua y del aire;

  iii) cambios significativos en el medio ambiente atmosférico, terrestre (incluyendo el acuático), glacial y marino;

  iv) cambios perjudiciales en la distribución, cantidad o capacidad de reproducción de las especies o poblaciones de especies de la fauna y la flora;

  v) peligros adicionales para las especies o poblaciones de tales especies en peligro de extinción o amenazadas;

  vi) la degradación o el riesgo sustancial de degradación de áreas de importancia biológica, científica, histórica, estética o de vida silvestre;

c) las actividades en el área del Tratado Antártico deberán ser planificadas y realizadas sobre la base de una información suficiente, que permita evaluaciones previas y un juicio razonado sobre su posible impacto en el medio ambiente antártico y en sus ecosistemas dependientes y asociados, así como sobre el valor de la Antártica para la realización de investigaciones científicas; tales juicios deberán tomar plenamente en cuenta:

  i) el alcance de la actividad, incluida su área, duración e intensidad;

  ii) el impacto acumulativo de la actividad, tanto por sí misma como en combinación con otras actividades en el área del Tratado Antártico;

  iii) si la actividad afectará perjudicialmente a cualquier otra actividad en el área del Tratado Antártico;

  iv) si se dispone de medios tecnológicos y procedimientos adecuados para realizar operaciones que no perjudiquen el medio ambiente;

  v) si existe la capacidad de observar los parámetros medio ambientales y los elementos del ecosistema que sean claves, de tal manera que sea posible identificar y prevenir con suficiente antelación cualquier efecto perjudicial de la actividad, y la de disponer modificaciones de los procedimientos operativos que sean necesarios a la luz de los resultados de la observación o el mayor conocimiento sobre el medio ambiente antártico y los ecosistemas dependientes y asociados; y

vi) si existe capacidad de responder con prontitud y eficacia a los accidentes, especialmente a aquellos que pudieran causar efectos sobre el medio ambiente;

d) se llevará a cabo una observación regular y eficaz que permita la evaluación del impacto de las actividades en curso, incluyendo la verificación de los impactos previstos.

e) se llevará a cabo una observación regular y efectiva para facilitar una detección precoz de los posibles efectos imprevistos de las actividades sobre el medio ambiente antártico y los ecosistemas dependientes y asociados, ya se realicen dentro o fuera del área del Tratado Antártico.

3. Las actividades deberán ser planificadas y realizadas en el área del Tratado Antártico de tal manera que se otorgue prioridad a la investigación científica y se preserve el valor de la Antártica como una zona para la realización de tales investigaciones, incluyendo las investigaciones esenciales para la comprensión del medio ambiente global.

4. Tanto las actividades emprendidas en el área del Tratado Antártico de conformidad con los programas de investigación científica, con el turismo y con todas las otras actividades gubernamentales y no gubernamentales en el área del Tratado Antártico para las cuales se requiere notificación previa de acuerdo con el artículo VII (5) del Tratado Antártico, incluyendo las actividades asociadas de apoyo logístico, deberán:

a) Llevarse a cabo de forma coherente con los principios de este artículo; y

b) modificarse, suspenderse o cancelarse si provocan o amenazan con provocar repercusiones en el medio ambiente antártico o en sus ecosistemas dependientes o asociados que sean incompatibles con estos principios.

ARTÍCULO 4

RELACIONES CON LOS OTROS COMPONENTES

DEL SISTEMA DEL TRATADO ANTÁRTICO

1. Este Protocolo complementará el Tratado Antártico y no lo modificará ni enmendará.

2. Nada en el presente Protocolo afectará a los derechos y obligaciones de las Partes en este Protocolo, derivados de los otros instrumentos internacionales en vigor dentro del sistema del Tratado Antártico.

ARTÍCULO 5

COMPATIBILIDAD CON LOS OTROS COMPONENTES

DEL SISTEMA DEL TRATADO ANTÁRTICO

Las Partes consultarán y cooperarán con las Partes Contratantes de otros instrumentos internacionales en vigor dentro del sistema del Tratado Antártico y sus respectivas instituciones, con el fin de asegurar la realización de los objetivos y principios de este Protocolo y de evitar cualquier impedimento para el logro de los objetivos y principios de aquellos instrumentos o cualquier incoherencia entre la aplicación de esos instrumentos y del presente Protocolo.

ARTÍCULO 6
COOPERACIÓN

1.   Las Partes cooperarán en la planificación y realización de las actividades en el área del Tratado Antártico. Con este fin, cada Parte se esforzará en:

   a)   promover programas de cooperación de valor científico, técnico y educativo, relativos a la protección del medio ambiente antártico y de los ecosistemas dependientes y asociados;

   b)   proporcionar una adecuada asistencia a las demás Partes en la preparación de las evaluaciones del impacto medioambiental;

   c)   proporcionar a otras Partes cuando lo requieran información relativa a cualquier riesgo potencial para el medio ambiente y asistencia para minimizar los efectos de accidentes que puedan perjudicar al medio ambiente antártico o a los ecosistemas dependientes y asociados;

   d)   celebrar consultas con las demás Partes respecto a la selección de los emplazamientos de posibles estaciones y otras instalaciones, a fin de evitar el impacto acumulativo ocasionado por su excesiva concentración en una localización determinada;

   e)   cuando sea apropiado, emprender expediciones conjuntas y compartir el uso de estaciones y demás instalaciones; y

   f)   llevar a cabo aquellas medidas que puedan ser acordadas durante las reuniones Consultivas del Tratado Antártico.

2.   Cada Parte se compromete, en la medida de lo posible, a compartir información de utilidad para otras Partes en la planificación y la realización de sus actividades en el área del Tratado Antártico con el fin de proteger el medio ambiente de la Antártica y los ecosistemas dependientes y asociados.

3.   Las Partes cooperarán con aquellas otras Partes que puedan ejercer jurisdicción en zonas adyacentes al área del Tratado Antártico, con vistas a asegurar que las actividades en el área del Tratado Antártico no tengan impactos perjudiciales para el medio ambiente en tales zonas.

ARTÍCULO 7
PROHIBICIÓN DE LAS ACTIVIDADES RELACIONADAS
CON LOS RECURSOS MINERALES

Cualquier actividad relacionada con los recursos minerales, salvo la investigación científica, estará prohibida.

ARTÍCULO 8

EVALUACIÓN DEL IMPACTO SOBRE EL MEDIO AMBIENTE

1.   Las actividades propuestas, citadas en el párrafo (2) de este artículo, estarán sujetas a los procedimientos establecidos en el Anexo I sobre la evaluación previa del impacto de dichas actividades sobre el medio ambiente antártico o en los ecosistemas dependientes o asociados, según se considere que dichas actividades tengan:

    a)   menos que un impacto mínimo o transitorio;

    b)   un impacto mínimo o transitorio; o

    c)   más que un impacto mínimo o transitorio.

2.   Cada Parte asegurará que los procedimientos de evaluación establecidos en el Anexo I se apliquen a los procesos de planificación que conduzcan a tomar decisiones sobre cualquier actividad emprendida en el área del Tratado Antártico, de conformidad con los programas de investigación científica, con el turismo y con todas las demás actividades gubernamentales y no gubernamentales en el área del Tratado Antártico, para las cuales se requiere notificación previa, de acuerdo con el artículo VII (5) del Tratado Antártico, incluyendo las actividades asociadas de apoyo logístico.

3.   Los procedimientos de evaluación previstos en el Anexo I se aplicarán a todos los cambios de actividad, bien porque el cambio se deba a un aumento o una disminución de la intensidad de una actividad ya existente, bien a otra actividad añadida, al cierre de una instalación, o a otras causas.

4.   Cuando las actividades sean planificadas conjuntamente por más de una Parte, las Partes involucradas nombrarán a una de ellas para coordinar la aplicación de los procedimientos de evaluación del impacto sobre el medio ambiente que figura en el Anexo I.

ARTÍCULO 9
ANEXOS

1.   Los Anexos a este Protocolo constituirán parte integrante del mismo.

Otros Anexos, adicionales a los Anexos I-IV, podrán ser adoptados y entrar en vigor de conformidad con el artículo IX del Tratado Antártico.

Las enmiendas y modificaciones a los Anexos podrán ser adoptadas y entrar en vigor de acuerdo con el artículo IX del Tratado Antártico, a menos que los Anexos contengan disposiciones para que las enmiendas y las modificaciones entren en vigor en forma acelerada.

Los Anexos y las enmiendas y modificaciones de los mismos que hayan entrado en vigor de acuerdo con los párrafos 2 y 3 anteriores entrarán en vigor para la Parte Contratante del Tratado Antártico que no sea Parte Consultiva del Tratado Antártico, o que fuera Parte Consultiva del Tratado Antártico en el momento de su adopción, cuando el Depositario haya recibido notificación de aprobación de esa Parte Contratante, a menos que el propio Anexo establezca lo contrario con relación a la entrada en vigor de cualquier enmienda o modificación al mismo.

Los Anexos, excepto en la medida en que un Anexo especifique lo contrario, estarán sujetos a los procedimientos para la solución de controversias establecidos en los artículos 18 a 20.

ARTÍCULO 10
REUNIONES CONSULTIVAS DEL TRATADO ANTÁRTICO

1.   Las Reuniones Consultivas del Tratado Antártico, basadas en el mejor asesoramiento científico y técnico disponible:

   a)   definirán, de acuerdo con las disposiciones de este Protocolo, la política general para la protección global del medio ambiente antártico y los ecosistemas dependientes y asociados, y

   b)   adoptarán medidas para la ejecución de este Protocolo de conformidad con el artículo IX del Tratado Antártico.

2.   Las Reuniones Consultivas del Tratado Antártico examinarán el trabajo del Comité y tomarán plenamente en cuenta su asesoramiento y sus recomendaciones para realizar las tareas a que se refiere el párrafo 1 de este artículo, así como el asesoramiento del Comité Científico para las Investigaciones Antárticas.

ARTÍCULO 11
COMITÉ PARA LA PROTECCIÓN DEL MEDIO AMBIENTE

1.   Por el presente Protocolo se establece el Comité para la Protección del Medio Ambiente.

2.   Cada Parte tendrá derecho a participar como miembro del Comité y a nombrar un representante que podrá estar acompañado por expertos y asesores.

3.   El estatuto de observador en este Comité será accesible a cualquier Parte Contratante del Tratado Antártico que no sea Parte de este Protocolo.

4.   El Comité invitará al Presidente del Comité Científico para las Investigaciones Antárticas y al Presidente del Comité Científico para la Conservación de los Recursos Vivos Marinos Antárticos a participar como observadores en sus sesiones. El Comité también podrá invitar, con la aprobación de la Reunión Consultiva del Tratado Antártico, a participar como observadores en sus sesiones a otras organizaciones científicas, medioambientales y técnicas pertinentes que puedan contribuir a sus trabajos.

5.   El Comité presentará un informe de cada una de sus sesiones a las Reuniones Consultivas del Tratado Antártico. El informe abarcará todas aquellas materias consideradas durante la sesión y reflejará las opiniones expresadas. El informe será enviado a las Partes y a los observadores presentes en la sesión, y quedará posteriormente a disposición del público.

6.   El Comité adoptará sus reglas de procedimiento, las cuales estarán sujetas a la aprobación de una Reunión Consultiva del Tratado Antártico.

ARTÍCULO 12
FUNCIONES DEL COMITÉ

1.   Las funciones del Comité consistirán en proporcionar asesoramiento y formular recomendaciones a las Partes en relación con la aplicación de este Protocolo, incluyendo el funcionamiento de sus Anexos, para que sean consideradas en las Reuniones Consultivas del Tratado Antártico, y en realizar las demás funciones que le puedan ser asignadas por las Reuniones Consultivas del Tratado Antártico. En especial, proporcionará asesoramiento sobre:

a)   La eficacia de las medidas adoptadas de conformidad con este Protocolo;

b)   la necesidad de actualizar, reforzar o perfeccionar de cualquier otro modo estas medidas;

c)   la necesidad de adoptar medidas adicionales, incluyendo la necesidad de establecer otros Anexos cuando resulte adecuado;

d) la aplicación y ejecución de los procedimientos de evaluación del impacto sobre el medio ambiente, establecidos en el artículo 8 y en el Anexo I;

e) los medios para minimizar o mitigar el impacto medioambiental de las actividades en el área del Tratado Antártico;

f) los procedimientos aplicables a situaciones que requieren una respuesta urgente, incluyendo las acciones de respuesta en emergencias medioambientales;

g) la gestión y ulterior desarrollo del Sistema de Áreas Antárticas Protegidas;

h) los procedimientos de inspección, incluyendo los modelos para los informes de las inspecciones y las listas de control para la realización de las inspecciones;

i) el acopio, archivo, intercambio y evaluación de la información relacionada con la protección medioambiental;

j) el estado del medio ambiente antártico; y

k) la necesidad de realizar investigaciones científicas, incluyendo la observación medioambiental, relacionadas con la aplicación de este Protocolo.

2. En el cumplimiento de sus funciones, el Comité consultará, cuando resulte apropiado, al Comité Científico para las Investigaciones Antárticas y al Comité Científico para la Conservación de los Recursos Vivos Marinos Antárticos y a otras organizaciones científicas, medioambientales y técnicas pertinentes.

ARTÍCULO 13
CUMPLIMIENTO DE ESTE PROTOCOLO

1. Cada Parte tomará medidas adecuadas en el ámbito de su competencia para asegurar el cumplimiento de este Protocolo, incluyendo la adopción de leyes y reglamentos, actos administrativos y medidas coercitivas.

Cada Parte llevará a cabo los esfuerzos necesarios, compatibles con la Carta de las Naciones Unidas, para que nadie emprenda ninguna actividad contraria a este Protocolo.

Cada Parte notificará a las demás Partes las medidas que adopte de conformidad con los párrafos 1 y 2 citados anteriormente.

Cada Parte llamará la atención de todas las demás Partes sobre cualquier actividad que, en su opinión, afecte a la aplicación de los objetivos y principios de este Protocolo.

Las Reuniones Consultivas del Tratado Antártico llamarán la atención de cualquier Estado que no sea Parte de este Protocolo sobre cualquier actividad emprendida por aquel Estado, sus agencias, organismos, personas naturales o jurídicas, buques, aeronaves u otros medios de transporte que afecten a la aplicación de los objetivos y principios de este Protocolo.

ARTÍCULO 14
INSPECCIÓN

1.   Con el fin de promover la protección del medio ambiente antártico y de sus ecosistemas dependientes y asociados, y para asegurar el cumplimiento de este Protocolo, las Partes Consultivas del Tratado Antártico tomarán medidas, individual o colectivamente, para la realización de inspecciones por observadores, de conformidad con el artículo VII del Tratado Antártico.

2.   Son observadores:

   a)   los observadores designados por cualquier Parte Consultiva del Tratado Antártico, que serán nacionales de esa Parte; y

   b)   cualquier observador designado durante las Reuniones Consultivas del Tratado Antártico para realizar inspecciones según los procedimientos que se establezcan mediante una Reunión Consultiva del Tratado Antártico.

3.   Las Partes cooperarán plenamente con los observadores que lleven a cabo las inspecciones, y deberán asegurar que durante las mismas tengan acceso a cualquier lugar de las estaciones, instalaciones, equipos, buques y aeronaves abiertos a inspección bajo el artículo VII (3) del Tratado Antártico, así como a todos los registros que ahí se conserven y sean exigibles de conformidad con este Protocolo.

4.   Los informes de inspección serán remitidos a las Partes cuyas estaciones, instalaciones, equipos, buques o aeronaves estén comprendidos en los informes. Después que aquellas Partes hayan tenido la oportunidad de comentarlos, los informes y todos los comentarios de que hayan sido objeto serán remitidos a todas las Partes y al Comité, estudiados en la siguiente Reunión Consultiva del Tratado Antártico y puestos posteriormente a disposición del público.

ARTÍCULO 15
ACCIONES DE RESPUESTA EN CASOS DE EMERGENCIA

1.   Con el fin de actuar en casos de emergencias medioambientales en el área del Tratado Antártico cada Parte acuerda:

   a)   disponer una respuesta rápida y efectiva en los casos de emergencia que puedan surgir de la realización de programas de investigación científica, del turismo y de todas las demás actividades gubernamentales y no gubernamentales para las cuales se requiere notificación previa de acuerdo con el artículo VII (5) del Tratado Antártico, incluyendo las actividades asociadas de apoyo logístico; y

b) establecer planes de emergencia para responder a los incidentes que puedan tener efectos adversos para el medio ambiente antártico o sus ecosistemas dependientes y asociados.

2. A este efecto, las Partes deberán:

a) cooperar en la formulación y aplicación de dichos planes de emergencia; y

b) establecer un procedimiento para la notificación inmediata de emergencias medioambientales y la acción conjunta ante las mismas.

3. Al aplicar este artículo, las Partes deberán recurrir al asesoramiento de los organismos internacionales pertinentes.

ARTÍCULO 16
RESPONSABILIDAD

De conformidad con los objetivos de este Protocolo para la protección global del medio ambiente antártico y de los ecosistemas dependientes y asociados, las Partes se comprometen a elaborar normas y procedimientos relacionados con la responsabilidad derivada de daños provocados por actividades que se desarrollen en el área del Tratado Antártico y cubiertas por este Protocolo. Estas normas y procedimientos se incluirán en uno o más Anexos que se adopten de conformidad con el artículo 9 (2).

ARTÍCULO 17
INFORME ANUAL DE LAS PARTES

1. Cada Parte informará anualmente de las medidas adoptadas para dar cumplimiento a este Protocolo. Dichos informes incluirán las notificaciones hechas de conformidad con el artículo 13 (3), los planes de emergencia establecidos de acuerdo con el artículo 15 y cualquier otra notificación e información reconocida por este Protocolo y respecto de las cuales no existe otra disposición sobre la comunicación e intercambio de información.

2. Los informes elaborados de conformidad con el párrafo 1 anterior serán distribuidos a todas las Partes Contratantes y al Comité, considerados en la siguiente Reunión Consultiva del Tratado Antártico, y puestos a disposición del público.

ARTÍCULO 18
SOLUCIÓN DE CONTROVERSIAS

En caso de controversia relativa a la interpretación o aplicación de este Protocolo, las partes en controversia deberán, a requerimiento de cualquiera de ellas, consultarse entre sí con la mayor brevedad posible con el fin de resolver la controversia mediante negociación, investigación, mediación, conciliación, arbitraje, arreglo judicial u otros medios pacíficos que las partes en la controversia acuerden.

ARTÍCULO 19

ELECCIÓN DEL PROCEDIMIENTO PARA LA SOLUCIÓN DE CONTROVERSIAS

1.   Las Partes en el momento de firmar, ratificar, aceptar, aprobar o adherirse a este Protocolo, o en cualquier momento posterior, pueden elegir, mediante declaración escrita, uno o ambos de los siguientes medios para la solución de controversias relacionadas con la interpretación o aplicación de los artículos 7, 8 y 15 y, excepto en el caso de que un Anexo establezca lo contrario, las disposiciones de dicho Anexo y, en la medida en que esté relacionado con estos Artículos y disposiciones, el artículo 13:

    a)   la Corte Internacional de Justicia;

    b)   el Tribunal Arbitral.

2.   Las declaraciones efectuadas al amparo del párrafo 1 precedente no afectarán a la aplicación de los artículos 18 y 20 (2).

3.   Se considerará que una Parte que no haya formulado una declaración acogiéndose al párrafo 1 precedente o con respecto a la cual una declaración ha dejado de tener vigor, ha aceptado la competencia del Tribunal Arbitral.

4.   Si las partes en una controversia han aceptado el mismo medio para la solución de controversias, la controversia sólo podrá ser sometida a ese procedimiento, salvo que las partes acuerden lo contrario.

5.   Si las partes en una controversia no han aceptado el mismo medio para la solución de controversias, o si ambas han aceptado ambos medios, la controversia sólo puede ser sometida al Tribunal Arbitral, salvo que las partes acuerden lo contrario.

6.   Las declaraciones formuladas al amparo del párrafo 1 precedente seguirán en vigor hasta su expiración de conformidad con sus términos, o hasta tres meses después del depósito de la notificación por escrito de su revocación ante el Depositario.

7.   Las nuevas declaraciones, las notificaciones de revocación o la expiración de una declaración no afectarán en modo alguno los procesos pendientes ante la Corte Internacional de Justicia o ante el Tribunal Arbitral, salvo que las Partes en la controversia acuerden lo contrario.

8.   Las declaraciones y notificaciones mencionadas en este artículo serán depositadas ante el Depositario, que se encargará de transmitir copias a todas las Partes.

ARTÍCULO 20
PROCEDIMIENTO PARA LA SOLUCIÓN DE CONTROVERSIAS

1.   Si las partes en una controversia relativa a la interpretación o aplicación de los artículos 7, 8 o 15 o, excepto en el caso de que un Anexo establezca lo contrario, las disposiciones de cualquier Anexo o, en la medida en que se relacionen con estos artículos y disposiciones, el artículo 13, no han acordado el medio para resolverla en un plazo de 12 meses después de la solicitud de consultas de conformidad con el artículo 18, la controversia será remitida, a solicitud de cualquiera de las partes en la controversia, para que sea resuelta de conformidad con el procedimiento determinado por el artículo 19 (4) y (5).

2.   El Tribunal Arbitral no tendrá competencia para decidir o emitir laudo sobre ningún asunto dentro del ámbito del artículo IV del Tratado Antártico. Además, nada en este Protocolo será interpretado como susceptible de otorgar competencia o jurisdicción a la Corte Internacional de Justicia o a cualquier otro tribunal establecido con el fin de solucionar controversias entre Partes para decidir o emitir laudo sobre ningún asunto dentro del ámbito del artículo IV del Tratado Antártico.

ARTÍCULO 21
FIRMA

Este Protocolo quedará abierto a la firma de cualquier Estado que sea Parte Contratante del Tratado Antártico en Madrid el 4 de octubre de 1991 y posteriormente en Washington hasta el 3 de octubre de 1992.

ARTÍCULO 22
RATIFICACIÓN, ACEPTACIÓN, APROBACIÓN O ADHESIÓN

1.   Este Protocolo queda sometido a la ratificación, aceptación o aprobación de los Estados signatarios.

2.   Con posterioridad al 3 de octubre de 1992 este Protocolo estará abierto a la adhesión de cualquier Estado que sea Parte Contratante del Tratado Antártico.

3.   Los instrumentos de ratificación, aceptación, aprobación o adhesión serán depositados ante el Gobierno de los Estados Unidos de América, que queda designado como Depositario.

4.   Con posterioridad a la fecha de entrada en vigor del presente Protocolo, las Partes Consultivas del Tratado Antártico no actuarán ante una notificación relativa al derecho de una Parte Contratante del Tratado Antártico a designar a los representantes que participen en las Reuniones Consultivas del Tratado Antártico conforme al artículo IX (2) del Tratado Antártico, a menos que, con anterioridad,

esta Parte Contratante haya ratificado, aceptado, aprobado este Protocolo o se haya adherido a él.

ARTÍCULO 23
ENTRADA EN VIGOR

1.   El presente Protocolo entrará en vigor el trigésimo día siguiente a la fecha de depósito de los instrumentos de ratificación, aceptación, aprobación o adhesión de todos los Estados que sean Partes Consultivas del Tratado Antártico en la fecha en que se adopte este Protocolo.

2.   Este Protocolo entrará en vigor para cada una de las Partes Contratantes del Tratado Antártico que deposite un instrumento de ratificación, aceptación, aprobación o adhesión después de la fecha en que haya entrado en vigor este Protocolo, el trigésimo día siguiente a la fecha en que se deposite dicho instrumento.

ARTÍCULO 24
RESERVAS

No se permitirán reservas a este Protocolo.

ARTÍCULO 25
MODIFICACIÓN O ENMIENDA

1.   Sin perjuicio de lo dispuesto en el artículo 9, este Protocolo puede ser modificado o enmendado en cualquier momento de acuerdo con el procedimiento establecido en el artículo XII (1) (a) y (b) del Tratado Antártico.

2.   Si después de transcurridos cincuenta años después de la fecha de entrada en vigor de este Protocolo, cualquiera de las Partes Consultivas del Tratado Antártico así lo solicitara por medio de una comunicación dirigida al Depositario, se celebrará una conferencia con la mayor brevedad posible a fin de revisar la aplicación de este Protocolo.

3.   Toda modificación o enmienda propuesta en cualquier Conferencia de Revisión solicitada en virtud del anterior párrafo 2 se adoptará por mayoría de las Partes, incluyendo las tres cuartas partes de los Estados que eran Partes Consultivas del Tratado Antártico en el momento de la adopción de este Protocolo.

4.   Toda modificación o enmienda adoptada en virtud del párrafo 3 de este artículo entrará en vigor después de la ratificación, aceptación, aprobación o adhesión por tres cuartas de las Partes Consultivas, incluyendo las ratificaciones, aceptaciones, aprobaciones o adhesiones de todos los Estados que eran Partes Consultivas en el momento de la adopción de este Protocolo.

5. a) Con respecto al artículo 7, continuará la prohibición sobre las actividades que se refieran a los recursos minerales, contenida en el mismo, a menos que esté en vigor un régimen jurídicamente obligatorio sobre las actividades relativas a los recursos minerales antárticos que incluya modalidades acordadas para determinar si dichas actividades podrían aceptarse, y, si así fuera, en qué condiciones. Este régimen salvaguardará completamente los intereses de todos los Estados a los que alude el artículo IV del Tratado Antártico y aplicará los principios del mismo. Por lo tanto, si se propone una modificación o enmienda al artículo 7 en la Conferencia de Revisión mencionada en el anterior párrafo 2, ésta deberá incluir tal régimen jurídicamente obligatorio.

b) Si dichas modificaciones o enmiendas no hubieran entrado en vigor dentro del plazo de tres años a partir de la fecha de su adopción, cualquier Parte podrá notificar al Estado Depositario, en cualquier momento posterior a dicha fecha, su retirada de este Protocolo, y dicha retirada entrará en vigor dos años después de la recepción de la notificación por el Depositario.

ARTÍCULO 26
NOTIFICACIONES POR EL DEPOSITARIO

El Depositario notificará a todas las Partes Contratantes del Tratado Antártico lo siguiente:

a) Las firmas de este Protocolo y el depósito de los instrumentos de ratificación, aceptación, aprobación o adhesión;

b) la fecha de entrada en vigor de este Protocolo y de cualquier Anexo adicional al mismo;

c) la fecha de entrada en vigor de cualquier modificación o enmienda a este Protocolo; y

d) el depósito de las declaraciones y notificaciones de conformidad con el artículo 19; y

e) toda notificación recibida de conformidad con el artículo 25 (5) (b).

ARTÍCULO 27
TEXTOS AUTÉNTICOS Y REGISTRO EN NACIONES UNIDAS

1. El presente Protocolo redactado en español, francés, inglés y ruso, siendo cada versión igualmente auténtica, será depositado en los archivos del Gobierno de los Estados Unidos de América, que enviará copias debidamente certificadas del mismo a todas las Partes Contratantes del Tratado Antártico.

2. Este Protocolo será registrado por el Depositario de acuerdo con lo dispuesto en el artículo 102 de la Carta de las Naciones Unidas.

APÉNDICE DEL PROTOCOLO
ARBITRAJE

ARTÍCULO 1

1.   El Tribunal Arbitral se constituirá y funcionará de acuerdo con lo dispuesto en el Protocolo, incluyendo este Apéndice.

2.   El Secretario al cual se hace referencia en este Apéndice es el Secretario General del Tribunal Permanente de Arbitraje.

ARTÍCULO 2

1.   Cada Parte tendrá el derecho a designar hasta tres Árbitros, de los cuales por lo menos uno será designado dentro del plazo de tres meses siguientes a la entrada en vigor del Protocolo para esa Parte. Cada Árbitro deberá ser experto en asuntos antárticos, tener un profundo conocimiento del derecho internacional y gozar de la más alta reputación por su equidad, capacidad e integridad. Los nombres de las personas así designadas constituirán la lista de Árbitros. Cada Parte mantendrá en todo momento el nombre de por lo menos un Árbitro en la lista.

2.   De acuerdo con lo estipulado en el párrafo 3 siguiente, un Árbitro designado por una Parte permanecerá en la lista durante un período de cinco años y podrá ser designado nuevamente por dicha Parte por períodos adicionales de cinco años.

3.   La Parte que haya designado un Árbitro tendrá derecho a retirar de la lista el nombre de ese Árbitro. En caso de fallecimiento de un Árbitro, o en el caso de que una Parte por cualquier motivo retirara de la lista el nombre del Árbitro que ha designado, la Parte que designó al Árbitro en cuestión lo notificará al Secretario con la mayor brevedad. El Árbitro cuyo nombre haya sido retirado de la lista continuará actuando en el Tribunal Arbitral para el que haya sido designado hasta la conclusión de los procesos que se estén tramitando ante el Tribunal Arbitral.

4.   El Secretario asegurará que se mantenga una lista actualizada de los Árbitros designados de acuerdo con lo dispuesto en este artículo.

ARTÍCULO 3

1.   El Tribunal Arbitral estará formado por tres Árbitros que serán designados en la forma siguiente:

a) La parte en la controversia que inicie el proceso designará a un Árbitro, que podrá ser de su misma nacionalidad, de la lista a la que se refiere el artículo 2 párrafo 2 anterior. Esta designación se incluirá en la notificación a la que se refiere el artículo 4.

b) Dentro de los 40 días siguientes a la recepción de dicha notificación, la otra parte en la controversia designará al segundo Árbitro, quien podrá ser de su nacionalidad, elegido de la lista mencionada en el artículo 2.

c) Dentro del plazo de 60 días contados desde la designación del segundo Árbitro, las partes en la controversia designarán de común acuerdo al tercer Árbitro elegido de la lista que menciona el artículo 2. El tercer Árbitro no podrá ser de la misma nacionalidad de ninguna de las partes en controversia, ni podrá ser una persona designada para la lista mencionada en el artículo 2 por una de dichas partes, ni podrá tener la misma nacionalidad que los dos primeros Árbitros. El tercer Árbitro presidirá el Tribunal Arbitral.

d) Si el segundo Árbitro no hubiera sido designado dentro del período estipulado, o si las partes en la controversia no hubieran llegado a un acuerdo dentro del plazo estipulado respecto a la elección del tercer Árbitro, el o los Árbitros serán designados por el Presidente de la Corte Internacional de Justicia a solicitud de cualquiera de las partes en la controversia dentro del plazo de 30 días desde la recepción de tal solicitud, siendo éste elegido de la lista a que se refiere el artículo 2 y sujeto a las condiciones enumeradas en los incisos (b) y (c) anteriores. En el desempeño de las funciones que se le han atribuido en el presente inciso, el Presidente del Tribunal consultará a las Partes en controversia.

e) Si el presidente de la Corte Internacional de Justicia no pudiera ejercer las funciones atribuidas de acuerdo con lo dispuesto en el apartado (d) anterior, o si fuera de la misma nacionalidad de alguna de las partes en controversia, sus funciones serán desempeñadas por el Vicepresidente de la Corte, excepto en el caso en que dicho Vicepresidente estuviera impedido para ejercer sus funciones, o si fuera de la misma nacionalidad de una de las Partes en controversia, estas funciones deberán ser ejercidas por el miembro de la Corte que le siga en antigüedad y que esté disponible para ello y no sea de la misma nacionalidad de alguna de las Partes en controversia.

2. Cualquier vacante que se produzca será cubierta en la forma dispuesta para la designación inicial.

3. En cualquier controversia que involucre a más de dos Partes, aquellas Partes que defiendan los mismos intereses designarán un Árbitro de común acuerdo dentro del plazo especificado en el párrafo 1 (b) anterior.

ARTÍCULO 4

La parte en controversia que inicie el proceso lo notificará a la parte o partes contrarias en la controversia y al Secretario por escrito. Tal notificación incluirá una exposición de la demanda y los fundamentos en que se basa. La notificación será remitida por el Secretario a todas las Partes.

ARTÍCULO 5

1.   A menos que las Partes en controversia convengan de otra manera, el arbitraje se realizará en La Haya, donde se guardarán los archivos del Tribunal Arbitral. El Tribunal Arbitral adoptará sus propias reglas de procedimiento. Tales reglas garantizarán que cada una de las partes en controversia tenga plena oportunidad de ser escuchada y de presentar sus argumentos, y también asegurarán que los procesos se realicen en forma expedita.

2.   El Tribunal Arbitral podrá conocer de las reconvenciones que surjan de la controversia y fallar sobre ellas.

ARTÍCULO 6

1.   Cuando el Tribunal Arbitral considere que, *prima facie*, tiene jurisdicción con arreglo al Protocolo, podrá:

   a)   indicar, a solicitud de cualquiera de las partes en la controversia, medidas provisionales que estime necesarias para preservar los respectivos derechos de las partes en disputa;

   b)   dictar cualquier medida provisional que considere apropiada según las circunstancias, para prevenir daños graves en el medio ambiente antártico o en los ecosistemas dependientes y asociados.

2.   Las partes en controversia cumplirán prontamente cualquier medida provisional decretada con arreglo al párrafo 1 (b) anterior, hasta tanto se dicte un laudo de acuerdo con el artículo 9.

3.   No obstante el período de tiempo a que hace referencia el artículo 20 del Protocolo, una de las partes en controversia podrá en todo momento, mediante notificación a la otra parte o partes en controversia y al Secretario, y de acuerdo con el artículo 4, solicitar que el Tribunal Arbitral se constituya con carácter de urgencia excepcional, para indicar o dictar medidas provisionales urgentes según lo dispuesto en este artículo. En tal caso, el Tribunal Arbitral se constituirá tan pronto como sea posible, de acuerdo con el artículo 3, con la excepción de que los plazos indicados en el artículo 3, 1), b), c) y d) se reducirán a 14 días en cada caso. El Tribunal Arbitral decidirá sobre la solicitud de medidas provisionales urgentes en el plazo de dos meses desde la designación de su Presidente.

4. Una vez que el Tribunal Arbitral haya adoptado decisión respecto a una solicitud de medidas provisionales urgentes de acuerdo con el párrafo 3 anterior, la solución de la controversia proseguirá de acuerdo con lo dispuesto en los artículos 18, 19 y 20 del Protocolo.

ARTÍCULO 7

Cualquier parte que crea tener un interés jurídico, general o particular, que pudiera ser afectado de manera sustancial por el laudo de un Tribunal Arbitral, podrá intervenir en el proceso, salvo que el Tribunal Arbitral decida lo contrario.

ARTÍCULO 8

Las Partes en la controversia facilitarán el trabajo del Tribunal Arbitral y, en especial, de acuerdo con sus leyes y empleando todos los medios a su disposición, le proporcionarán todos los documentos y la información pertinentes y le permitirán, cuando sea necesario, citar testigos o expertos y recibir su declaración.

ARTÍCULO 9

Si una de las partes en la controversia no comparece ante el Tribunal Arbitral, o se abstiene de defender su caso, cualquier otra parte en la controversia podrá solicitar al Tribunal Arbitral que continúe el curso del proceso y que dicte laudo.

ARTÍCULO 10

1. El Tribunal Arbitral decidirá, sobre la base del Protocolo y de otras normas y principios de derecho internacional aplicables que no sean incompatibles con el Protocolo, todas las controversias que le sean sometidas.

2. El Tribunal Arbitral podrá decidir, ex aequo et bono, sobre una controversia que le sea sometida, si las partes en controversia así lo convinieran.

ARTÍCULO 11

1. Antes de dictar su laudo, el Tribunal Arbitral se asegurará de que tiene competencia para conocer de la controversia y que la demanda o la reconvención estén bien fundadas en los hechos y en derecho.

2. El laudo será acompañado de una exposición de los fundamentos de la decisión, y será comunicado al Secretario, quien lo transmitirá a todas las Partes.

3. El laudo será definitivo y obligatorio para las partes en la controversia y para toda parte que haya intervenido en el proceso, y deberá ser cumplido sin dilación. El Tribunal Arbitral interpretará el laudo a petición de una parte en la controversia o de cualquier parte interviniente.

4.   El laudo sólo será obligatorio respecto de ese caso particular.

5.   Las partes en controversia sufragarán por partes iguales los gastos del Tribunal Arbitral, incluida la remuneración de los Árbitros, a menos que el propio Tribunal decida lo contrario.

ARTÍCULO 12

Todas las decisiones del Tribunal Arbitral, incluyendo aquellas mencionadas en los artículos 5, 6, y 11 anteriores, serán adoptadas por la mayoría de los Árbitros, quienes no podrán abstenerse de votar.

ARTÍCULO 13

1.   Este Apéndice puede ser enmendado o modificado por una medida adoptada en conformidad con el artículo IX (1) del Tratado Antártico. A menos que la medida especifique lo contrario, se considerará que tal enmienda o modificación ha sido aprobada y entrará en vigor un año después de la clausura de la Reunión Consultiva del Tratado Antártico en la cual fue adoptada, salvo que una o más Partes Consultivas del Tratado Antártico notificasen al Depositario, dentro de dicho plazo, que desean una prórroga de tal plazo o que no están en condiciones de aprobar tal medida.

2.   Toda enmienda o modificación de este Apéndice que entre en vigor de conformidad con el párrafo 1 anterior, entrará en vigor en lo sucesivo para cualquier otra Parte cuando el Depositario haya recibido notificación de aprobación de dicha Parte.

ANEXO I AL PROTOCOLO AL TRATADO ANTÁRTICO SOBRE PROTECCIÓN DEL MEDIO AMBIENTE
EVALUACIÓN DEL IMPACTO SOBRE EL MEDIO AMBIENTE

ARTÍCULO 1
FASE PRELIMINAR

1.   El impacto medioambiental de las actividades propuestas, mencionadas en el artículo 8 del Protocolo, tendrá que ser considerado, antes de su inicio, de acuerdo con los procedimientos nacionales apropiados.

2.   Si se determina que una actividad provocará menos que un impacto mínimo o transitorio, dicha actividad podrá iniciarse sin dilación.

ARTÍCULO 2
EVALUACIÓN MEDIOAMBIENTAL INICIAL

1.   A menos que se haya determinado que una actividad tendrá menos que un impacto mínimo o transitorio o que se esté preparando una Evaluación Medioambiental Global, de acuerdo con el artículo 3, deberá prepararse una Evaluación Medioambiental Inicial. Esta contendrá datos suficientes para evaluar si la actividad propuesta puede tener un impacto más que mínimo o transitorio, y comprenderá:

   a)   Una descripción de la actividad propuesta incluyendo su objetivo, localización, duración e intensidad; y

   b)   la consideración de las alternativas a la actividad propuesta y de las de cualquier impacto que la actividad pueda producir, incluyendo los impactos acumulativos a la luz de las actividades existentes o de cuya proyectada realización se tenga conocimiento.

2.   Si una Evaluación Medioambiental Inicial indicara que una actividad propuesta no tendrá, previsiblemente, más que un impacto mínimo o transitorio, la actividad se podrá iniciar, siempre que se establezcan procedimientos apropiados, que pueden incluir la observación, para evaluar y verificar el impacto de la actividad.

ARTÍCULO 3
Evaluación medioambiental global

1. Si una Evaluación Medioambiental Inicial indicara, o si de otro modo se determinara, que una actividad propuesta tendrá, probablemente, un impacto más que mínimo o transitorio, se preparará una Evaluación Medioambiental Global.

2. Una Evaluación Medioambiental Global deberá comprender:

   a) Una descripción de la actividad propuesta, incluyendo su objetivo, ubicación, duración e intensidad, así como posibles alternativas a la actividad, incluyendo la de su no realización, así como las consecuencias de dichas alternativas;

   b) una descripción del estado de referencia inicial del medio ambiente, con la cual se compararán los cambios previstos, y un pronóstico del estado de referencia futuro del medio ambiente, en ausencia de la actividad propuesta;

   c) una descripción de los métodos y datos utilizados para predecir los impactos de la actividad propuesta;

   d) una estimación de la naturaleza, magnitud, duración e intensidad de los probables impactos directos de la actividad propuesta;

   e) una consideración de los posibles impactos indirectos o de segundo orden de la actividad propuesta;

   f) la consideración de los impactos acumulativos de la actividad propuesta, teniendo en cuenta las actividades existentes y otras actividades de cuya proyectada realización se tenga conocimiento;

   g) la identificación de las medidas, incluyendo programas de observación, que puedan ser adoptadas para minimizar o atenuar los impactos de la actividad propuesta y detectar impactos imprevistos y que podrían, tanto prevenir con suficiente antelación cualquier impacto negativo de la actividad, como facilitar la pronta y eficaz resolución de accidentes;

   h) la identificación de los impactos inevitables de la actividad propuesta;

   i) la consideración de los efectos de la actividad propuesta sobre el desarrollo de la investigación científica y sobre otros usos y valores existentes;

   j) identificación de las lagunas de conocimiento e incertidumbres halladas durante el acopio de información necesaria conforme a este párrafo;

   k) un resumen no técnico de la información proporcionada con arreglo a este párrafo; y

   l) nombre y dirección de la persona u organización que preparó la Evaluación Medioambiental Global y la dirección a la cual se deberán dirigir los comentarios posteriores.

3.   El proyecto de la Evaluación Medioambiental Global se pondrá a disposición pública y será enviado a todas las Partes, que también lo harán público, para ser comentado. Se concederá un plazo de 90 días para la recepción de comentarios.

4.   El proyecto de la Evaluación Medioambiental Global se enviará al Comité al mismo tiempo que es distribuido a las Partes, y, al menos, 120 días antes de la próxima Reunión Consultiva del Tratado Antártico, para su consideración, según resulte apropiado.

5.   No se adoptará una decisión definitiva de iniciar la actividad propuesta en el área del Tratado Antártico a menos que la Reunión Consultiva del Tratado Antártico haya tenido la oportunidad de considerar el proyecto de Evaluación Medioambiental Global a instancias del Comité y siempre que la decisión de iniciar la actividad propuesta no se retrase, debido a la aplicación de este párrafo, más de 15 meses desde la comunicación del proyecto de Evaluación Medioambiental Global.

6.   Una Evaluación Medioambiental Global definitiva examinará e incluirá o resumirá los comentarios recibidos sobre el proyecto de Evaluación Medioambiental Global. La Evaluación Medioambiental Global definitiva, junto al anuncio de cualquier decisión tomada relativa a ella y a cualquier evaluación sobre la importancia de los impactos previstos en relación con las ventajas de la actividad propuesta, será enviada a todas las Partes que, a su vez, los pondrán a disposición pública, al menos 60 días antes del comienzo de la actividad propuesta en el área del Tratado Antártico.

ARTÍCULO 4
UTILIZACIÓN DE LA EVALUACIÓN GLOBAL
EN LA TOMA DE DECISIONES

Cualquier decisión acerca de si una actividad propuesta, a la cual se aplique el artículo 3, debe realizarse y, en este caso, si debe realizarse en su forma original o modificada, se basará en la Evaluación Medioambiental Global, así como en otras consideraciones pertinentes.

ARTÍCULO 5
OBSERVACIÓN

1.   Se establecerán procedimientos, incluyendo la observación apropiada de los indicadores medioambientales fundamentales, para evaluar y verificar el impacto de cualquier actividad que se lleve a cabo después de la conclusión de una Evaluación Medioambiental Global.

2.   Los procedimientos a los que se refiere el párrafo (1) anterior y el artículo 2 (2) serán diseñados para proveer un registro regular y verificable de los impactos de la actividad, entre otras cosas, con el fin de:

    a)   permitir evaluaciones de la medida en que tales impactos son compatibles con este Protocolo; y

b)   proporcionar información útil para minimizar o atenuar los impactos, y cuando sea apropiado, información sobre la necesidad de suspender, cancelar o modificar la actividad.

ARTÍCULO 6
COMUNICACIÓN DE INFORMACIÓN

1.   La siguiente información se comunicará a las Partes, se enviará al Comité y se pondrá a disposición pública:

a)   una descripción de los procedimientos mencionados en el artículo 1;

b)   una lista anual de las Evaluaciones Medioambientales Iniciales preparadas conforme al artículo 2 y todas las decisiones adoptadas en consecuencia;

c)   información significativa, así como cualquier acción realizada en consecuencia, obtenida en base a los procedimientos establecidos con arreglo a los artículos 2 (2) y 5; y

d)   información mencionada en el artículo 3 (6).

2.   Las Evaluaciones Medioambientales Iniciales, preparadas conforme al artículo 2, estarán disponibles previa petición.

ARTÍCULO 7
SITUACIONES DE EMERGENCIA

1.   Este Anexo no se aplicará en situaciones de emergencia relacionadas con la seguridad de la vida humana o de buques, aeronaves o equipos e instalaciones de alto valor o con la protección del medio ambiente, que requieran emprender una actividad sin dar cumplimiento a los procedimientos establecidos en este Anexo.

2.   La notificación de las actividades emprendidas en situaciones de emergencia, que en otras circunstancias habrían requerido la preparación de una Evaluación Medioambiental Global, se enviará de inmediato a las Partes y al Comité y, asimismo, se proporcionará, dentro de los 90 días siguientes a dichas actividades, una completa explicación de las mismas.

ARTÍCULO 8

ENMIENDAS O MODIFICACIONES

1.   Este Anexo puede ser enmendado o modificado por una medida adoptada de conformidad con el artículo IX (1) del Tratado Antártico. A menos que la medida especifique lo contrario, la enmienda o modificación se considerará aprobada y entrará en vigor un año después de la clausura de la Reunión Consultiva del Tratado Antártico en la cual fue adoptada, salvo que una o más Partes Consultivas del Tratado Antártico notificasen al Depositario, dentro de dicho plazo, que desean una prórroga de ese plazo o que no están en condiciones de aprobar la medida.

2.   Toda enmienda o modificación de este Anexo que entre en vigor de conformidad con el anterior párrafo 1 entrará en vigor a partir de entonces para cualquier otra Parte, cuando el Depositario haya recibido notificación de aprobación de dicha Parte.

ANEXO II AL PROTOCOLO AL TRATADO ANTÁRTICO SOBRE PROTECCIÓN DEL MEDIO AMBIENTE

CONSERVACIÓN DE LA FAUNA Y FLORA ANTÁRTICAS

ARTÍCULO 1
DEFINICIONES

Para los fines de este Anexo:

a) "mamífero autóctono" significa cualquier miembro de cualquier especie perteneciente a la clase de los mamíferos, autóctona del Área del Tratado Antártico o presente allí naturalmente debido a migraciones;

b) "ave autóctona" significa cualquier miembro de cualquier especie perteneciente a la clase de las aves, en cualquier etapa de su ciclo vital (incluido el huevo), autóctona del Área del Tratado Antártico o presente allí naturalmente debido a migraciones;

c) "planta autóctona" significa cualquier miembro de cualquier especie de vegetación terrestre o de agua dulce, incluidos briofitas, líquenes, hongos y algas en cualquier etapa de su ciclo vital (incluidas las semillas y otros propágulos), autóctona del Área del Tratado Antártico;

d) "invertebrado autóctono" significa cualquier miembro de cualquier especie de invertebrado terrestre o de agua dulce en cualquier etapa de su ciclo vital, autóctono del Área del Tratado Antártico;

e) "autoridad competente" significa cualquier persona u organismo facultado por una Parte para expedir permisos según lo establecido en este Anexo;

f) "permiso" significa una autorización formal por escrito expedida por una autoridad competente;

g) "tomar" o "toma" significa matar, herir, atrapar, manipular o molestar a un mamífero o ave autóctonos o retirar o dañar una cantidad tal de plantas autóctonas o de invertebrados autóctonos que ello afecte significativamente a su distribución local o a su abundancia;

h) "intromisión perjudicial" significa:

   i) el vuelo o el aterrizaje de helicópteros o de otras aeronaves de tal manera que perturben las concentraciones de aves o focas autóctonas;

    ii)   la utilización de vehículos o embarcaciones, incluidos los aerodeslizadores y barcos pequeños, de manera que perturben la concentración de aves o focas autóctonas;

    iii)   la utilización de explosivos o armas de fuego de manera que perturben las concentraciones de aves o focas autóctonas;

    iv)   la perturbación intencional de aves autóctonas durante la reproducción o el cambio de plumaje o de concentraciones de aves o focas autóctonas por personas a pie;

    v)   un daño significativo de las concentraciones de plantas terrestres autóctonas con el aterrizaje de aeronaves o la conducción de vehículos, al pisar dichas plantas o por cualquier otro medio; y

    vi)   toda actividad que produzca una importante modificación adversa del hábitat de cualquier especie o población de mamíferos, aves, plantas o invertebrados autóctonos.

i)   "Convención Internacional para la Reglamentación de la Caza de Ballenas" significa la Convención celebrada en Washington el 2 de diciembre de 1946.

j)   "Acuerdo sobre la Conservación de Albatros y Petreles" significa el Acuerdo celebrado en Canberra el 19 de junio de 2001.

ARTÍCULO 2
SITUACIONES DE EMERGENCIA

1. Este Anexo no se aplicará en situaciones de emergencia relacionadas con la seguridad de la vida humana o de buques, aeronaves o equipos e instalaciones de gran valor o con la protección del medio ambiente.

2. Se deberá avisar de inmediato a todas las Partes y al Comité sobre las actividades emprendidas en situaciones de emergencia que resulten en cualquier toma o intromisión perjudicial.

ARTÍCULO 3
PROTECCIÓN DE LA FAUNA Y LA FLORA AUTÓCTONAS

1. Se prohíbe la toma o intromisión perjudicial, salvo que se cuente con un permiso.

2. Dichos permisos deberán especificar la actividad autorizada, incluso cuándo, dónde y quién la lleva a cabo, y se concederán sólo en las siguientes circunstancias:

a)   con el propósito de proporcionar especímenes para estudios científicos o información científica;

b)   con el propósito de proporcionar especímenes para museos, herbarios y jardines botánicos u otras instituciones o usos educativos;

c)   con el propósito de proporcionar especímenes para jardines zoológicos, pero en relación con mamíferos o aves autóctonos sólo si tales especímenes no pueden obtenerse de colecciones en cautiverio en otros lugares o si existe una necesidad de conservación apremiante; y

d)   para hacer frente a las consecuencias inevitables de actividades científicas no autorizadas de acuerdo con los apartados a), b) o c) anteriores o de la construcción y operación de instalaciones de apoyo científico.

3.   Se deberá limitar la concesión de dichos permisos para que:

a)   no se tomen más mamíferos, aves, plantas o invertebrados autóctonos de los estrictamente necesarios para cumplir los objetivos establecidos en el párrafo 2 anterior;

b)   solo se mate un pequeño número de mamíferos, aves o invertebrados autóctonos y que, en ningún caso, se maten más de las poblaciones locales de los que, en combinación con otras tomas permitidas, puedan ser reemplazados de forma normal por reproducción natural en la temporada siguiente; y

c)   se conserve la diversidad de las especies, así como el hábitat esencial para su existencia, y el equilibrio de los sistemas ecológicos existentes en el Área del Tratado Antártico.

4.   Las Partes concederán protección especial a las especies de mamíferos, aves, plantas e invertebrados autóctonos que figuran en el apéndice A del presente Anexo, que serán designadas "especies especialmente protegidas".

5.   La designación de una especie como "especie especialmente protegida" se efectuará de acuerdo con los procedimientos y criterios convenidos que adopte la RCTA.

6.   El Comité examinará los criterios para proponer la designación de mamíferos, aves, plantas o invertebrados autóctonos como especies especialmente protegidas y proporcionará asesoramiento al respecto.

7.   Cualquier Parte, el Comité, el Comité Científico de Investigación Antártica o la Comisión para la Conservación de los Recursos Vivos Marinos Antárticos puede proponer que una especie sea designada especie especialmente protegida presentando a la RCTA una propuesta con su correspondiente justificación.

8.   No deberá concederse ningún permiso para tomar una especie especialmente protegida, salvo si dicha acción:

a)   sirve a un fin científico urgente; y

b)   no pone en peligro la supervivencia o la recuperación de esa especie ni de la población local.

9.   El uso de técnicas mortíferas con especies especialmente protegidas se permitirá únicamente en los casos en que no se disponga de otra técnica apropiada.

10.   Las propuestas relativas a la designación de una especie como especie especialmente protegida se remitirán al Comité, el Comité Científico de Investigación Antártica y, en lo que concierne a mamíferos y aves autóctonos, a la Comisión para la Conservación de los Recursos Marinos Vivos Antárticos y, si corresponde, a la Reunión de las Partes del Acuerdo sobre la Conservación de Albatros y Petreles y otras organizaciones. Al formular su asesoramiento a la RCTA con respecto a si una especie debería ser designada especie especialmente protegida, el Comité deberá tener en cuenta los comentarios del Comité Científico de Investigación Antártica y, en lo que concierne a mamíferos y aves autóctonos, de la Comisión para la Conservación de los Recursos Marinos Vivos Antárticos y, si corresponde, de la Reunión de las Partes del Acuerdo sobre la Conservación de Albatros y Petreles y otras organizaciones.

11.   Toda toma de mamíferos y aves autóctonos se llevará a cabo de forma que les produzca el menor dolor y sufrimiento posibles.

ARTÍCULO 4

INTRODUCCIÓN DE ESPECIES Y ENFERMEDADES NO AUTÓCTONAS

1.   No se introducirá en tierra, en las barreras de hielo ni en el agua del Área del Tratado Antártico ninguna especie de organismo vivo que no sea autóctona del Área del Tratado Antártico, salvo de conformidad con un permiso.

2.   No se introducirán perros en tierra, en las barreras de hielo o en el hielo marino.

3.   Los permisos mencionados en el anterior párrafo 1:

a)   serán concedidos para permitir solamente la importación de plantas cultivadas y sus propágulos reproductivos para uso controlado y de especies de organismos vivos para uso experimental controlado; y

b)   especificarán las especies, el número y, si corresponde, la edad y el sexo de las especies que se introducirán, así como la justificación de la introducción y las precauciones a adoptar para prevenir su escape o contacto con la fauna o la flora.

4.   Cualquier especie para la cual se haya concedido un permiso de conformidad con los párrafos 1 y 3 anteriores será retirada del Área del Tratado Antártico o será destruida por incineración o por un medio igualmente efectivo que elimine el riesgo para la fauna y la flora autóctonas, antes del vencimiento del permiso. Esta obligación se especificará en la autorización.

5.   Cualquier especie, incluida cualquier descendencia, que no sea autóctona del Área del Tratado Antártico y que se introduzca en dicha Área sin un permiso expedido de conformidad con los párrafos 1 y 3 precedentes será retirada o destruida cuando sea posible, a menos que el retiro o la destrucción produzca un efecto adverso mayor para el medio ambiente. El retiro o la destrucción podrá efectuarse por incineración o por un medio igualmente efectivo para que se produzca su esterilidad, a menos que se determine que no implica riesgos para la flora y fauna autóctonas. Además, se tomarán todas las medidas que sean razonables para controlar las consecuencias de dicha introducción a fin de evitar los daños a la fauna o la flora autóctonas.

6.   Ninguna disposición de este artículo se aplicará a la importación de alimentos en el Área del Tratado Antártico siempre que no se importen animales vivos con ese fin y que todas las plantas, así como productos y partes de origen animal, se guarden en condiciones cuidadosamente controladas y se eliminen de acuerdo con el Anexo III del Protocolo.

7.   Cada Parte requerirá que se tomen precauciones a fin de evitar la introducción accidental de microorganismos (por ejemplo, virus, bacterias, levaduras y hongos) que no estén presentes de forma natural en el Área del Tratado Antártico.

8.   No se introducirán aves de corral u otras aves vivas en el Área del Tratado Antártico. Se tomarán todas las medidas apropiadas a fin de que los productos avícolas o aviares que se importen en la Antártida no estén contaminados con enfermedades (como la enfermedad de Newcastle, tuberculosis y candidiasis) que puedan ser perjudiciales para la flora y la fauna autóctonas. Todos los productos avícolas o aviares que no se consuman se retirarán del Área del Tratado Antártico o se destruirán por incineración o medio equivalente que elimine el riesgo de introducción de microorganismos (por ejemplo, virus, bacterias, levaduras, hongos) en la flora y la fauna autóctonas.

9.   Se prohíbe la importación deliberada de suelo no estéril en el Área del Tratado Antártico. Las Partes deberán, en la mayor medida de lo posible, cerciorarse de que no se importe accidentalmente suelo no estéril en el Área del Tratado Antártico.

ARTÍCULO 5

INFORMACIÓN

Cada Parte pondrá a disposición del público información sobre actividades prohibidas y especies especialmente protegidas y la facilitará a todas las personas presentes en el Área del Tratado Antártico o que tengan la intención de entrar en ella, con el fin de que tales personas comprendan y cumplan las disposiciones de este Anexo.

ARTÍCULO 6
INTERCAMBIO DE INFORMACIÓN

1. Las Partes deberán efectuar arreglos para:

    a) recopilar e intercambiar anualmente documentos (incluidos los expedientes de los permisos) y estadísticas relativos a los números o las cantidades de cada especie de mamíferos, aves, plantas o invertebrados autóctonos tomados en el área del Tratado Antártico; y

    b) obtener e intercambiar información relativa al estado de mamíferos, aves, plantas e invertebrados autóctonos en el Área del Tratado Antártico y la medida en que cualquier especie o población necesite protección.

2. Cuanto antes al finalizar cada temporada de verano austral, pero en todos los casos antes del 1 de octubre de cada año, las Partes deberán informar a las otras Partes y al Comité acerca de las medidas que se hayan adoptado en conformidad con el párrafo 1 anterior y sobre el número y la naturaleza de los permisos concedidos según lo establecido en este Anexo en el período precedente comprendido entre el 1 de abril y el 31 de marzo.

ARTÍCULO 7
RELACIÓN CON OTROS ACUERDOS FUERA DEL SISTEMA DEL TRATADO ANTÁRTICO

Ninguna disposición de este Anexo afectará a los derechos y las obligaciones de las Partes derivados de la Convención Internacional para la Reglamentación de la Caza de Ballenas.

ARTÍCULO 8
REVISIÓN

Las Partes deberán mantener en continua revisión las medidas para la conservación de la fauna y la flora antárticas, teniendo en cuenta cualquier recomendación del Comité.

ARTÍCULO 9
ENMIENDAS O MODIFICACIONES

1. Este Anexo puede ser enmendado o modificado por una medida adoptada de conformidad con el artículo IX (I) del Tratado Antártico. A menos que la medida especifique lo contrario, la enmienda o modificación se considerará aprobada y entrará en vigor un año después de la clausura de la Reunión Consultiva del Tratado Antártico en la cual haya sido adoptada, salvo que una o más Partes Consultivas del Tratado Antártico notifiquen al depositario, dentro de dicho plazo, que desean una prórroga de ese plazo o que no están en condiciones de aprobar la medida.

2.   Toda enmienda o modificación de este Anexo que entre en vigor de conformidad con el anterior párrafo 1 entrará en vigor a partir de entonces para cualquier otra Parte cuando el depositario reciba la notificación de la aprobación por dicha Parte.

APÉNDICES AL ANEXO

APÉNDICE A:
ESPECIES ESPECIALMENTE PROTEGIDAS

Ommatophoca rossii, foca de Ross.

ANEXO III AL PROTOCOLO AL TRATADO ANTÁRTICO SOBRE PROTECCIÓN DEL MEDIO AMBIENTE

ELIMINACIÓN Y TRATAMIENTO DE RESIDUOS

ARTÍCULO 1
OBLIGACIONES GENERALES

1.   Este Anexo se aplicará a las actividades que se realicen en el área del Tratado Antártico de conformidad con los programas de investigación científica, el turismo y a todas las demás actividades gubernamentales y no gubernamentales en el área del Tratado Antártico para las cuales es necesaria la notificación previa según establece el artículo VII (5) del Tratado Antártico, incluidas las actividades asociadas de apoyo logístico.

2.   Se reducirá, en la medida de lo posible, la cantidad de residuos producidos o eliminados en el área del Tratado Antártico, con el fin de minimizar su repercusión en el medio ambiente antártico y de minimizar las interferencias con los valores naturales de la Antártica, con la investigación científica o con los otros usos de la Antártica que sean compatibles con el Tratado Antártico.

3.   El almacenamiento, eliminación y remoción de residuos del área del Tratado, al igual que la reutilización y la reducción de las fuentes de donde proceden, serán consideraciones esenciales para la planificación y realización de las actividades en el área del Tratado Antártico.

4.   En la mayor medida posible, los residuos removidos del área del Tratado Antártico serán devueltos al país desde donde se organizaron las actividades que generaron los residuos o a cualquier otro país donde se hayan alcanzado entendimientos para la eliminación de dichos residuos de conformidad con los acuerdos internacionales pertinentes.

5.   Los sitios terrestres de eliminación de residuos tanto pasados como actuales y los sitios de trabajo de actividades antárticas abandonados serán limpiados por el generador de tales residuos y por el usuario de dichos sitios. No se interpretará que esta obligación supone:

a)   retirar cualquier estructura designada como sitio o monumento histórico, o

b)   retirar cualquier estructura o material de desecho en circunstancias tales que la remoción por medio de cualquier procedimiento produjera un impacto negativo en el medio ambiente mayor que el dejar la estructura o material de desecho en el lugar en que se encuentra.

ARTÍCULO 2

Eliminación de residuos mediante su remoción del área del Tratado Antártico

1.   Los siguientes residuos, si se generan después de la entrada en vigor de este Anexo, serán removidos del área del Tratado Antártico por los generadores de dichos residuos:

a)   los materiales radioactivos;

b)   las baterías eléctricas;

c)   los combustibles, tanto líquidos como sólidos;

d)   los residuos que contengan niveles peligrosos de metales pesados o compuestos persistentes altamente tóxicos o nocivos;

e)   el cloruro de polivinilo (PVC), la espuma de poliuretano, la espuma de poliestireno, el caucho y los aceites lubricantes, las maderas tratadas y otros productos que contengan aditivos que puedan producir emanaciones peligrosas si se incineran;

f)   todos los demás residuos plásticos, excepto los recipientes de polietileno de baja densidad (como las bolsas para almacenamiento de residuos), siempre que dichos recipientes se incineren de acuerdo con el artículo 3 (1);

g)   los bidones y tambores para combustible, y

h)   otros residuos sólidos, incombustibles;

siempre que la obligación de remover los bidones y tambores y los residuos sólidos incombustibles citados en los apartados (g) y (h) anteriores no se aplique en circunstancias en que la remoción de dichos residuos, por cualquier procedimiento práctico, pueda causar una mayor alteración del medio ambiente de la que se ocasionaría dejándolos en sus actuales emplazamientos.

2.   Los residuos líquidos no incluidos en el párrafo 1 anterior, las aguas residuales y los residuos líquidos domésticos, serán removidos del área del Tratado Antártico en la mayor medida posible por los generadores de dichos residuos.

3.   Los residuos citados a continuación serán removidos del área del Tratado Antártico por el generador de esos residuos, a menos que sean incinerados, tratados en autoclave o esterilizados de cualquier otra manera:

a)   residuos de despojos de los animales importados,

b)   cultivos de laboratorio de microorganismos y plantas patógenas, y

c)   productos avícolas introducidos.

ARTÍCULO 3

ELIMINACIÓN DE RESIDUOS POR INCINERACIÓN

1.   Según establece el párrafo 2 siguiente, los residuos combustibles, que no sean los que regula el artículo 2 (1), no removidos del área del Tratado Antártico, se quemarán en incineradores que reduzcan, en la mayor medida posible, las emanaciones peligrosas. Se tendrán en cuenta las normas sobre emisiones y sobre equipos que puedan recomendar, entre otros, el Comité y el Comité Científico para la Investigación Antártica. Los residuos sólidos resultantes de dicha incineración deberán removerse del área del Tratado Antártico.

2.   Deberá abandonarse tan pronto como sea posible, y en ningún caso prolongarse después de la finalización de la temporada 1998/1999, toda incineración de residuos al aire libre. Hasta la finalización de dicha práctica, cuando sea necesario eliminar residuos mediante su incineración al aire libre, deberá tenerse en cuenta la dirección y velocidad del viento y el tipo de residuos que se van a quemar, para reducir los depósitos de partículas y para evitar tales depósitos sobre zonas de especial interés biológico, científico, histórico, estético o de vida silvestre, incluyendo, en particular, aquellas áreas para las que se ha acordado protección en virtud del Tratado Antártico.

ARTÍCULO 4

OTROS TIPOS DE ELIMINACIÓN DE RESIDUOS EN TIERRA

1.   Los residuos no eliminados o removidos según lo dispuesto en los artículos 2 y 3 no serán depositados en áreas libres de hielo o en sistemas de agua dulce.

2.   En la mayor medida posible, las aguas residuales, los residuos líquidos domésticos y otros residuos líquidos no removidos del área del Tratado Antártico, según lo dispuesto en el artículo 2, no serán depositados en el hielo marino, en plataformas de hielo o en la capa de hielo terrestre, siempre que tales residuos generados por estaciones situadas tierra adentro sobre plataformas de hielo o sobre la capa de hielo terrestre puedan ser depositados en pozos profundos en el hielo, cuando tal forma de depósito sea la única opción posible. Los pozos mencionados no estarán situados en líneas de corrimiento de hielo conocidas que desemboquen en áreas libres de hielo o en áreas de elevada ablación.

3.   Los residuos generados en campamentos de base serán retirados, en la mayor medida posible, por los generadores de tales residuos y llevados a estaciones de apoyo, o a buques para su eliminación de conformidad con este Anexo.

ARTÍCULO 5

ELIMINACIÓN DE RESIDUOS EN EL MAR

1. Las aguas residuales y los residuos líquidos domésticos podrán descargarse directamente en el mar, tomando en consideración la capacidad de asimilación del medio marino receptor y siempre que:

> a) dicha descarga se realice, si es posible, allí donde existan condiciones para su dilución inicial y su rápida dispersión; y

> b) las grandes cantidades de tales residuos (originados en una estación donde la ocupación semanal media durante el verano austral sea aproximadamente de 30 personas o más) sean tratadas, como mínimo, por maceración.

2. Los subproductos del tratamiento de aguas residuales mediante el proceso del Interruptor Biológico Giratorio u otros procesos similares podrán depositarse en el mar siempre que dicha eliminación no afecte perjudicialmente al medio ambiente local, y siempre que tal eliminación en el mar se realice de acuerdo con el Anexo IV del Protocolo.

ARTÍCULO 6

ALMACENAMIENTO DE RESIDUOS

Todos los residuos que vayan a ser retirados del área del Tratado Antártico o eliminados de cualquier otra forma deberán almacenarse de manera tal que se impida su dispersión en el medio ambiente.

ARTÍCULO 7

PRODUCTOS PROHIBIDOS

Ni en tierra, ni en las plataformas de hielo, ni en el agua, no se introducirán en el área del Tratado Antártico difenilos policlorurados (PCB), tierra no estéril, gránulos o virutas de poliestireno u otras formas similares de embalaje, o pesticidas (aparte de aquellos que sean necesarios para fines científicos, médicos o higiénicos).

ARTÍCULO 8

PLANIFICACIÓN DEL TRATAMIENTO DE RESIDUOS

1. Cada Parte que realice actividades en el área del Tratado Antártico deberá establecer, respecto de esos artículos, un sistema de clasificación de la eliminación de los residuos resultantes de dichas actividades que sirva de base para llevar el registro de los residuos y para facilitar los estudios dirigidos a evaluar los impactos en el medio ambiente de las actividades científicas y de apoyo logístico asociado. Para ese fin, los residuos que se generen se clasificarán como:

a)   aguas residuales y residuos líquidos domésticos (Grupo 1);

b)   otros residuos líquidos y químicos, incluidos los combustibles y lubricantes (Grupo 2);

c)   residuos sólidos para incinerar (Grupo 3);

d)   otros residuos sólidos (Grupo 4); y

e)   material radioactivo (Grupo 5).

2.   Con el fin de reducir aún más el impacto de los residuos en el medio ambiente antártico, cada Parte preparará, revisará y actualizará anualmente sus planes de tratamiento de residuos (incluyendo la reducción, almacenamiento y eliminación de residuos) especificando para cada sitio fijo, para los campamentos en general y para cada buque (a excepción de las embarcaciones pequeñas que forman parte de las operaciones de sitios fijos o de buques y teniendo en cuenta los planes de tratamiento existentes para buques):

a)   programas para limpiar los sitios de eliminación de residuos actualmente existentes y los sitios de trabajo abandonados;

b)   las disposiciones para el tratamiento de residuos tanto actuales como previstos, incluyendo su eliminación final;

c)   las disposiciones actuales y planificadas para analizar el impacto en el medio ambiente de los residuos y del tratamiento de residuos; y

d)   otras medidas para minimizar cualquier efecto medioambiental producido por los residuos y por el tratamiento de residuos.

3.   Cada Parte preparará también un inventario de los emplazamientos de actividades anteriores (como travesías, depósitos de combustible, campamentos de base, aeronaves accidentadas) en la medida de lo posible y antes de que se pierda esa información, de modo que se puedan tener en cuenta tales emplazamientos en la planificación de programas científicos futuros (como los referentes a la química de la nieve, los contaminantes en los líquenes, o las perforaciones en hielo profundo).

ARTÍCULO 9

COMUNICACIÓN Y EXAMEN DE LOS PLANES

DE TRATAMIENTO DE RESIDUOS

1.   Los planes de tratamiento de residuos elaborados de acuerdo con el artículo 8, los informes sobre su ejecución y los inventarios mencionados en el artículo 8 (3) deberán incluirse en los intercambios anuales de información realizados de conformidad con los artículos III y VII del Tratado Antártico y Recomendaciones pertinentes de acuerdo con lo previsto en el artículo IX del Tratado Antártico.

2.   Las Partes enviarán al Comité copias de los planes de tratamiento de residuos e informes sobre su ejecución y examen.

3.   El Comité podrá examinar los planes de tratamiento de residuos y los informes sobre los mismos y podrá formular comentarios para la consideración de las Partes, incluyendo sugerencias para minimizar los impactos así como modificaciones y mejoras de los planes.

4.   Las Partes podrán intercambiarse información y proporcionar asesoramiento, entre otras materias, sobre las tecnologías disponibles de baja generación de residuos, reconvención de las instalaciones existentes, requisitos especiales para efluentes y métodos adecuados de eliminación y descarga de residuos.

ARTÍCULO 10

PROCEDIMIENTO DEL TRATAMIENTO

Cada Parte deberá:

a)   designar a un responsable del tratamiento de residuos para que desarrolle y supervise la ejecución de los planes de tratamiento de residuos; sobre el terreno esta responsabilidad se delegará en una persona adecuada en cada sitio;

b)   asegurar que los miembros de sus expediciones reciban una formación destinada a limitar el impacto de sus operaciones en el medio ambiente antártico y a informarles sobre las exigencias de este Anexo; y

c)   desalentar la utilización de productos de cloruro de polivinilo (PVC) y asegurar que sus expediciones al área del Tratado Antártico estén informadas respecto de cualquier producto de PVC que ellas introduzcan en el área del Tratado Antártico, de manera que estos productos puedan ser después removidos de conformidad con este Anexo.

ARTÍCULO 11

REVISIÓN

Este Anexo estará sujeto a revisiones periódicas con el fin de asegurar su actualización, de modo que refleje los avances en la tecnología y en los procedimientos de eliminación de residuos, y asegurar de este modo la máxima protección del medio ambiente antártico.

ARTÍCULO 12
SITUACIONES DE EMERGENCIA

1.	Este Anexo no se aplicará en situaciones de emergencia relacionadas con la seguridad de la vida humana o de los buques, aeronaves o equipos e instalaciones de alto valor, o con la protección del medio ambiente.

2.	La notificación de las actividades llevadas a cabo en situaciones de emergencia se enviará de inmediato a todas las Partes.

ARTÍCULO 13
ENMIENDA O MODIFICACIÓN

1.	Este Anexo puede ser enmendado o modificado por una medida adoptada de conformidad con el artículo IX (1) del Tratado Antártico. A menos que la medida especifique lo contrario, la enmienda o modificación se considerará aprobada y entrará en vigor un año después de la clausura de la Reunión Consultiva del Tratado Antártico en la cual fue adoptada, salvo que una o más Partes Consultivas del Tratado Antártico notificasen al Depositario, dentro de dicho plazo, que desean una prórroga de ese plazo o que no están en condiciones de aprobar la medida.

2.	Toda enmienda o modificación de este Anexo que entre en vigor de conformidad con el anterior párrafo 1 entrará en vigor a partir de entonces para cualquier otra Parte, cuando el Depositario haya recibido notificación de aprobación de dicha Parte.

ANEXO IV AL PROTOCOLO AL TRATADO ANTÁRTICO SOBRE PROTECCIÓN DEL MEDIO AMBIENTE

PREVENCIÓN DE LA CONTAMINACIÓN MARINA

ARTÍCULO 1
DEFINICIONES

Para los fines de este Anexo:

a) Por "descarga" se entiende cualquier fuga procedente de un buque y comprende todo tipo de escape, evacuación, derrame, fuga, achique, emisión o vaciamiento;

b) por "basuras" se entiende toda clase de restos de víveres, salvo el pescado fresco y cualesquiera porciones del mismo, así como los residuos resultantes de las faenas domésticas y del trabajo rutinario del buque en condiciones normales de servicio, exceptuando aquellas sustancias enumeradas en los artículos 3 y 4;

c) por "MARPOL 73/78" se entiende el Convenio Internacional para Prevenir la Contaminación por los Buques, 1973, enmendado por el Protocolo de 1978 y por las posteriores enmiendas en vigor;

d) por "sustancia nociva líquida" se entiende toda sustancia nociva líquida definida en el Anexo II de MARPOL 73/78;

e) por "hidrocarburos petrolíferos" se entiende el petróleo en todas sus manifestaciones, incluidos los crudos de petróleo, el fuel-oil, los fangos, residuos petrolíferos y los productos de refino (distintos de los de tipo petroquímico que están sujetos a las disposiciones del artículo 4);

f) por "mezcla petrolífera" se entiende cualquier mezcla que contenga hidrocarburos petrolíferos; y

g) por "buque" se entiende una embarcación de cualquier tipo que opere en el medio marino, incluidos los aliscafos, los acrodeslizadores, los sumergibles, las naves flotantes y las plataformas fijas o flotantes.

ARTÍCULO 2
ÁMBITO DE APLICACIÓN

Este Anexo se aplica, con respecto a cada Parte, a los buques con derecho a enarbolar su pabellón y a cualquier otro buque que participe en sus operaciones antárticas o las apoye en el área del Tratado Antártico.

ARTÍCULO 3

DESCARGA DE HIDROCARBUROS PETROLÍFEROS

1.   Cualquier descarga en el mar de hidrocarburos petrolíferos o mezclas petrolíferas estará prohibida, excepto en los casos autorizados por el Anexo I del MARPOL 73/78. Mientras estén operando en el área del Tratado Antártico, los buques retendrán a bordo los fangos, lastres contaminados, aguas de lavado de tanques y cualquier otro residuo y mezcla petrolíferos que no puedan descargarse en el mar. Los buques sólo descargarán dichos residuos en instalaciones de recepción situadas fuera del área del Tratado Antártico o según lo permita el Anexo I del MARPOL 73/78.

2.   Este artículo no se aplicará:

a)   a la descarga en el mar de hidrocarburos petrolíferos o de mezclas petrolíferas resultantes de averías sufridas por un buque o por sus equipos:

i)   siempre que después de producirse la avería o de descubrirse la descarga se hayan tomado todas las precauciones razonables para prevenir o reducir a un mínimo tal descarga; y

ii)   salvo que el propietario o el Capitán haya actuado ya sea con la intención de causar la avería o con imprudencia temeraria y a sabiendas de que era muy probable que se produjera la avería; o

b)   a la descarga en el mar de sustancias que contengan hidrocarburos petrolíferos cuando sean empleados para combatir casos concretos de contaminación a fin de reducir los daños resultantes de tal contaminación.

ARTÍCULO 4

DESCARGA DE SUSTANCIAS NOCIVAS LÍQUIDAS

Estará prohibida la descarga en el mar de cualquier sustancia nociva líquida; asimismo, la de cualquier otra sustancia química o de otras sustancias, en cantidades o concentraciones perjudiciales para el medio marino.

ARTÍCULO 5

ELIMINACIÓN DE BASURAS

1.   Estará prohibida la eliminación en el mar de cualquier material plástico, incluidos, pero no exclusivamente, la cabuyería sintética, redes de pesca sintéticas y bolsas de plástico para la basura.

2.   Estará prohibida la eliminación en el mar de cualquier otro tipo de basura, incluidos los productos de papel, trapos, vidrios, metales, botellas, loza doméstica, ceniza de incineración, material de estiba, envoltorios y material de embalaje.

3.   Podrán ser eliminados en el mar los restos de comida siempre que se hayan triturado o molido, y siempre que ello se efectúe, excepto en los casos en que esté permitido de acuerdo con el Anexo V de MARPOL 73/78, tan lejos como sea prácticamente posible de la tierra y de las plataformas de hielo y en ningún caso a menos de 12 millas náuticas de tierra o de las plataformas de hielo más cercanas. Tales restos de comida triturados o molidos deberán poder pasar a través de cribas con agujeros no menores de 25 milímetros.

4.   Cuando una sustancia o material incluido en este artículo se mezcle con otras sustancias o materiales para los que rijan distintos requisitos de descarga o eliminación, se aplicarán a la mezcla los requisitos más rigurosos.

5.   Las disposiciones de los párrafos 1 y 2 anteriores no se aplicarán:

   a)   al escape de basuras resultantes de averías sufridas por un buque o por sus equipos, siempre que antes y después de producirse la avería se hubieran tomado todas las precauciones razonables para prevenir o reducir a un mínimo tal escape; o

   b)   a la pérdida accidental de redes de pesca sintéticas, siempre que se hubieran tomado todas las precauciones razonables para evitar tal pérdida.

6   Las Partes requerirán, cuando sea oportuno, la utilización de libros de registro de basuras.

ARTÍCULO 6
DESCARGA DE AGUAS RESIDUALES

1.   Excepto cuando perjudiquen indebidamente las operaciones antárticas:

   a)   las Partes suprimirán toda descarga en el mar de aguas residuales sin tratar (entendiendo por "aguas residuales" la definición del Anexo IV de MARPOL 73/78) dentro de las 12 millas náuticas de tierra o de las plataformas de hielo;

   b)   más allá de esa distancia, las aguas residuales almacenadas en un depósito no se descargarán instantáneamente, sino a un régimen moderado y, siempre que sea prácticamente posible, mientras que el buque se encuentre navegando a una velocidad no menor de cuatro nudos.

Este párrafo no se aplica a los buques certificados para transportar a un máximo de 10 personas.

2.   Las Partes requerirán, cuando sea apropiado, la utilización de libros de registro de aguas residuales.

ARTÍCULO 7
SITUACIONES DE EMERGENCIA

1.   Los artículos 3, 4, 5 y 6 de este Anexo no se aplicarán en situaciones de emergencia relativas a la seguridad de un buque y a la de las personas a bordo, ni en caso de salvamento de vidas en el mar.

2.   Las actividades llevadas a cabo en situaciones de emergencia serán notificadas de inmediato a las Partes y al Comité.

ARTÍCULO 8
EFECTO SOBRE ECOSISTEMAS DEPENDIENTES Y ASOCIADOS

En la aplicación de las disposiciones de este Anexo se presentará la debida consideración a la necesidad de evitar los efectos perjudiciales en los ecosistemas dependientes y asociados, fuera del área del Tratado Antártico.

ARTÍCULO 9
CAPACIDAD DE RETENCIÓN DE LOS BUQUES
E INSTALACIONES DE RECEPCIÓN

1.   Las Partes tomarán todas las medidas necesarias para asegurar que todos los buques con derecho a enarbolar su pabellón y cualquier otro buque que participe en sus operaciones antárticas o las apoye, antes de entrar en el área del Tratado Antártico, estén provistos de un tanque o tanques con suficiente capacidad para la retención a bordo de todos los fangos, los lastres contaminados, el agua del lavado de tanques y otros residuos y mezclas petrolíferos, y tengan suficiente capacidad para la retención a bordo de basura mientras estén operando en el área del Tratado Antártico y que hayan concluido acuerdos para descargar dichos residuos petrolíferos y basuras en una instalación de recepción después de abandonar dicha área. Los buques también deberán tener capacidad suficiente para la retención a bordo de sustancias nocivas líquidas.

2.   Las Partes desde cuyos puertos zarpen buques hacia el área del Tratado Antártico o desde ella arriben, se comprometen a asegurar el establecimiento, tan pronto como sea prácticamente posible, de instalaciones adecuadas para la recepción de todo fango, lastre contaminado, agua del lavado de tanques y cualquier otro residuo y mezcla petrolífera y basura de los buques, sin causar retrasos indebidos y de acuerdo con las necesidades de los buques que las utilicen.

3.   Las Partes que operen buques que zarpen hacia el área del Tratado Antártico o desde ella arriben a puertos de otras Partes consultarán con estas Partes para asegurar que el establecimiento de instalaciones portuarias de recepción no imponga una carga injusta sobre las Partes contiguas al área del Tratado Antártico.

ARTÍCULO 10
DISEÑO, CONSTRUCCIÓN, DOTACIÓN
Y EQUIPAMIENTO DE LOS BUQUES

Las Partes tomarán en consideración los objetivos de este Anexo al diseñar, construir, dotar y equipar los buques que participen en operaciones antárticas o las apoyen.

ARTÍCULO 11
INMUNIDAD SOBERANA

1.   El presente Anexo no se aplicará a los buques de guerra ni a las unidades navales auxiliares, ni a los buques que, siendo propiedad de un Estado o estando a su servicio, sólo le presten en ese momento servicios gubernamentales de carácter no comercial. No obstante, cada Parte asegurará mediante la adopción de medidas oportunas que tales buques de su propiedad o a su servicio actúen de manera compatible con este Anexo, dentro de lo razonable y practicable, sin que ello perjudique las operaciones o la capacidad operativa de dichos buques.

2.   En la aplicación del párrafo 1 anterior a las Partes tomarán en consideración la importancia de la protección del medio ambiente antártico.

3.   Cada Parte informará a las demás Partes sobre la forma en que aplica esta disposición.

4.   El procedimiento de solución de controversias establecido en los artículos 18 a 20 del Protocolo no será aplicable a este artículo.

ARTÍCULO 12
MEDIDAS PREVENTIVAS Y DE PREPARACIÓN
Y RESPUESTA ANTE EMERGENCIAS

1.   Las Partes, de acuerdo con el artículo 15 del Protocolo, para responder más eficazmente ante las emergencias de contaminación marina o a su posible amenaza sobre el área del Tratado Antártico, desarrollarán planes de contingencia en respuesta a la contaminación marina en el área del Tratado Antártico, incluyendo planes de contingencia para los buques (excepto botes pequeños que formen parte de las operaciones de bases fijas o de buques) que operen en el área del Tratado Antártico, especialmente buques que transporten hidrocarburos petrolíferos como carga y para derrames de hidrocarburos originados en instalaciones costeras y que afecten el medio marino. Con este fin las Partes:

a)   cooperarán en la formulación y aplicación de dichos planes; y

b)   tendrán en cuenta el asesoramiento del Comité, de la Organización Marítima Internacional y de otras organizaciones internacionales.

2.   Las Partes establecerán también procedimientos para cooperar en la respuesta ante las emergencias de contaminación y emprenderán las acciones de respuesta adecuadas de acuerdo con tales procedimientos.

ARTÍCULO 13

REVISIÓN

Las Partes mantendrán bajo continua revisión las disposiciones de este Anexo y las otras medidas para prevenir y reducir la contaminación del medio marino antártico y actuar ante ella, incluyendo cualesquiera enmiendas y normativas nuevas adoptadas en virtud del MARPOL 73/78, con el fin de alcanzar los objetivos de este Anexo.

ARTÍCULO 14

RELACIÓN CON MARPOL 73/78

Con respecto a aquellas Partes que también lo son del MARPOL 73/78, nada de este Anexo afectará a los derechos y obligaciones específicos de él derivados.

ARTÍCULO 15

ENMIENDAS O MODIFICACIONES

1.   Este Anexo puede ser enmendado o modificado por una medida adoptada de conformidad con el artículo IX (1) del Tratado Antártico. A menos que la medida especifique lo contrario, la enmienda o modificación se considerará aprobada, y entrará en vigor un año después de la clausura de la Reunión Consultiva del Tratado Antártico en la cual fue adoptada, salvo que una o más Partes Consultivas del Tratado Antártico notificasen al Depositario, dentro de dicho plazo, que desean una prórroga de ese plazo o que no están en condiciones de aprobar la medida.

2.   Toda enmienda o modificación de este Anexo que entre en vigor de conformidad con el anterior párrafo 1 entrará en vigor a partir de entonces para cualquier otra Parte, cuando el Depositario haya recibido notificación de aprobación de dicha Parte.

ANEXO V AL PROTOCOLO AL TRATADO ANTÁRTICO SOBRE PROTECCIÓN DEL MEDIO AMBIENTE

PROTECCIÓN Y GESTIÓN DE ZONAS

ARTÍCULO 1
DEFINICIONES

A efectos del presente Anexo:

a) por "autoridad competente" se entiende cualquier persona u organismo autorizado por una Parte para expedir permisos de conformidad con el presente Anexo;

b) por "permiso" se entiende un permiso oficial por escrito expedido por una autoridad competente;

c) por "Plan de Gestión" se entiende un plan destinado a administrar las actividades y proteger el valor o los valores especiales de una Zona Antártica Especialmente Protegida o de una Zona Antártica Especialmente Administrada.

ARTÍCULO 2
OBJETIVOS

Para los fines establecidos en el presente Anexo, cualquier zona, incluyendo una zona marina, podrá designarse como Zona Antártica Especialmente Protegida o como Zona Antártica Especialmente Administrada. En dichas Zonas las actividades se prohibirán, se restringirán o se administrarán en conformidad con los Planes de Gestión adoptados según las disposiciones del presente Anexo.

ARTÍCULO 3
ZONAS ANTÁRTICAS ESPECIALMENTE PROTEGIDAS

1. Cualquier zona, incluyendo las zonas marinas, puede ser designada como Zona Antártica Especialmente Protegida a fin de proteger sobresalientes valores científicos, estéticos, históricos o naturales, cualquier combinación de estos valores, o las investigaciones científicas en curso o previstas.

2. Las Partes procurarán identificar, con un criterio ambiental y geográfico sistemático, e incluir entre las Zonas Antárticas Especialmente Protegidas:

a) las zonas que han permanecido libres de toda interferencia humana y que por ello puedan servir de comparación con otras localidades afectadas por las actividades humanas;

b) los ejemplos representativos de los principales ecosistemas terrestres, incluidos glaciales y acuáticos, y marinos;

c) las zonas con conjuntos importantes o inhabituales de especies, entre ellos las principales colonias de reproducción de aves y mamíferos indígenas;

d) la localidad tipo o el único hábitat conocido de cualquier especie;

e) las zonas de especial interés para las investigaciones científicas en curso o previstas;

f) los ejemplos de características geológicas, glaciológicas o geomorfológicas sobresalientes;

g) las zonas de excepcional valor estético o natural;

h) los sitios o monumentos de reconocido valor histórico; y

i) cualquier otra zona en donde convenga proteger los valores expuestos en el párrafo 1 *supra*.

3. Las Zonas Especialmente Protegidas y los Sitios de Especial Interés Científico designados como tales por anteriores reuniones consultivas del Tratado Antártico se designarán en adelante como Zonas Antárticas Especialmente Protegidas y se las volverá a titular y a numerar en consecuencia.

4. Quedará terminantemente prohibido ingresar en una Zona Antártica Especialmente Protegida, salvo en conformidad con un permiso expedido según lo dispuesto en el artículo 7 *infra*.

ARTÍCULO 4
ZONAS ANTÁRTICAS ESPECIALMENTE ADMINISTRADAS

1. Cualquier zona, inclusive las zonas marinas, en que se lleven a cabo actividades o puedan llevarse a cabo en el futuro, podrá designarse como Zona Antártica Especialmente Administrada para coadyuvar al planeamiento y la coordinación de las actividades, evitar los posibles conflictos, mejorar la cooperación entre las Partes y reducir al mínimo los impactos ambientales.

2. Las Zonas Antárticas Especialmente Administradas pueden comprender:

a) las zonas donde las actividades corran el riesgo de crear interferencias mutuas o impactos ambientales acumulativos; y

b) los sitios o monumentos de reconocido valor histórico.

3. No se requerirá un permiso para ingresar en una Zona Antártica Especialmente Administrada.

4.   No obstante lo dispuesto en el párrafo 3 *supra*, una Zona Antártica Especialmente Administrada puede comprender una o varias Zonas Antárticas Especialmente Protegidas, a las que queda prohibido ingresar, salvo en conformidad con un permiso expedido según lo estipulado en el artículo 7 *infra*.

ARTÍCULO 5
PLANES DE GESTIÓN

1.   Cualquier Parte, el Comité, el Comité Científico de Investigación Antártica o la Comisión para la Conservación de los Recursos Vivos Marinos Antárticos pueden proponer que se designe una zona como Zona Antártica Especialmente Protegida o como Zona Antártica Especialmente Administrada, presentando un proyecto de Plan de Gestión a la Reunión Consultiva del Tratado Antártico.

2.   La zona cuya designación se propone deberá tener un tamaño suficiente para proteger los valores para los cuales se requiere la protección o la gestión especial.

3.   Los Planes de Gestión propuestos incluirán, según proceda:

   a)   una descripción del valor o los valores que requieren una protección o administración especial;

   b)   una declaración de las finalidades y objetivos del Plan de Gestión destinado a proteger o administrar dichos valores;

   c)   las actividades de gestión que han de emprenderse para proteger los valores que requieren una protección o administración especial;

   d)   un período de designación, si procede;

   e)   una descripción de la zona que comprenda:

   i)   las coordenadas geográficas, las indicaciones de límites y los rasgos naturales que delimitan la zona;

   ii)   el acceso a la zona por tierra, por mar o por aire, inclusive los puntos marinos de aproximación o anclaje, las rutas para peatones y vehículos dentro de la zona, las rutas de navegación aéreas y las zonas de aterrizaje;

   iii)   la ubicación de las estructuras, inclusive las estaciones científicas, los locales de investigación o de refugio, tanto en la zona como en sus inmediaciones; y

   iv)   la ubicación en la zona o cerca de ella de otras Zonas Antárticas Especialmente Protegidas o de Zonas Antárticas Especialmente Administradas designadas de conformidad con el presente Anexo, u otras zonas protegidas designadas en conformidad con las medidas adoptadas en el marco de otros componentes del Sistema del Tratado Antártico;

f) la identificación de zonas dentro del área en que las actividades estarán prohibidas, limitadas o administradas con objeto de alcanzar los objetivos y finalidades mencionados en el inciso (b) *supra*;

g) mapas y fotografías que muestren claramente los límites del área con respecto a los rasgos circundantes y las características principales de la zona;

h) documentación de apoyo;

i) tratándose de una zona propuesta para designarse como Zona Antártica Especialmente Protegida, una exposición clara de las condiciones que justifiquen la expedición de un permiso por parte de la autoridad competente, con respecto a:

   i)   el acceso a la zona y los desplazamientos en su interior o sobre ella;

   ii)   las actividades que se llevan o que puedan llevarse a cabo en la zona, teniendo en cuenta las restricciones de tiempo y lugar;

   iii) la instalación, modificación o desmantelamiento de estructuras;

   iv)   la ubicación de los campamentos;

   v)   las restricciones relativas a los materiales y organismos que puedan introducirse en la zona;

   vi)   la recolección de flora y fauna indígenas o los daños que puedan sufrir éstas;

   vii) la toma o traslado de cualquier cosa que no haya sido traída a la zona por el titular del permiso;

   viii) la eliminación de desechos;

   ix)   las medidas que puedan requerirse para garantizar que los objetivos y las finalidades se pueden seguir persiguiendo; y

   x)   los requisitos relativos a los informes que han de presentarse a la autoridad competente acerca de las visitas a la zona;

j) con respecto a una zona propuesta para su designación como Zona Antártica Especialmente Administrada, un código de conducta relativo a:

   i)   el acceso a la zona y los desplazamientos en su interior o sobre ella;

   ii)   las actividades que se llevan o que puedan llevarse a cabo en la zona, teniendo en cuenta las restricciones de tiempo y lugar;

   iii) la instalación, modificación o desmantelamiento de construcciones;

   iv)   la ubicación de los campamentos;

   v)   la recolección de flora y fauna indígenas o los daños que puedan sufrir éstas;

   vi)   la toma o traslado de cualquier cosa que no haya sido traída a la zona por el visitante;

   vii) la eliminación de desechos; y

viii) los requisitos relativos a los informes que han de presentarse a la autoridad competente acerca de las visitas a la zona;

k) las disposiciones relativas a las circunstancias en que las Partes deberían procurar intercambiar información antes de que se emprendan las actividades propuestas.

ARTÍCULO 6
PROCEDIMIENTOS DE DESIGNACIÓN

1. Los Planes de Gestión se transmitirán al Comité, al Comité Científico de Investigación Antártica y, cuando proceda, a la Comisión para la Conservación de los Recursos Vivos Marinos Antárticos. Al formular el dictamen que presentará a la Reunión Consultiva del Tratado Antártico, el Comité tendrá en cuenta los eventuales comentarios hechos por el Comité Científico de Investigación Antártica y, cuando proceda, por la Comisión para la Conservación de los Recursos Vivos Marinos Antárticos. Ulteriormente, los Planes de Gestión podrán ser aprobados por las Partes Consultivas del Tratado Antártico en virtud de una medida adoptada durante una Reunión Consultiva del Tratado Antártico, de conformidad con el artículo IX (1) del Tratado Antártico. Si la medida no especifica lo contrario, se estimará que el Plan habrá quedado aprobado 90 días después de la clausura de la Reunión Consultiva del Tratado Antártico en que se adoptó, a menos que una o más de las Partes Consultivas notifique al Depositario, dentro de ese plazo, que desea una prórroga del mismo o que no puede aprobar la medida.

2. En consideración a las disposiciones de los artículos 4 y 5 del Protocolo, ninguna zona marina se designará como Zona Antártica Especialmente Protegida o como Zona Antártica Especialmente Administrada sin aprobación previa de la Comisión para la Conservación de los Recursos Vivos Marinos Antárticos.

3. La designación de una Zona Antártica Especialmente Protegida o de una Zona Antártica Especialmente Administrada tendrá vigencia indefinidamente, a menos que el Plan de Gestión estipule otra cosa. El Plan de Gestión se revisará cada cinco años y se actualizará cuando se considere conveniente.

4. Los Planes de Gestión podrán enmendarse o revocarse, de conformidad con el párrafo 1 *supra*.

5. Una vez aprobados los Planes de Gestión, el Depositario los comunicará rápidamente a todas las Partes. El Depositario llevará un registro de todos los Planes de Gestión aprobados y en vigor.

ARTÍCULO 7
PERMISOS

1.   Cada Parte designará una autoridad competente que expedirá los permisos que autoricen ingresar y emprender actividades en una Zona Antártica Especialmente Protegida en conformidad con las disposiciones del Plan de Gestión relativo a dicha zona. El permiso irá acompañado de los párrafos pertinentes del Plan de Gestión y especificará la extensión y la ubicación de la zona, las actividades autorizadas y cuándo, dónde y por quién están autorizadas las actividades o cualquier otra condición impuesta por el Plan de Gestión.

2.   En caso de que una Zona Especialmente Protegida designada como tal por anteriores reuniones consultivas del Tratado Antártico carezca de Plan de Gestión, la autoridad competente podrá expedir un permiso para un propósito científico apremiante que no pueda conseguirse en otra parte y que no ponga en peligro el ecosistema natural de la zona.

3.   Cada Parte exigirá que el titular de un permiso lleve consigo una copia de este mientras se encuentre en la Zona Antártica Especialmente Protegida concernida.

ARTÍCULO 8
SITIOS Y MONUMENTOS HISTÓRICOS

1.   Los sitios o monumentos de reconocido valor histórico que se hayan designado como Zonas Antárticas Especialmente Protegidas o como Zonas Antárticas Especialmente Administradas, o que estén situados en tales zonas, deberán clasificarse como Sitios y Monumentos Históricos.

2.   Cualquier Parte Consultiva del Tratado Antártico podrá proponer que un sitio o monumento de reconocido valor histórico que no se haya designado como Zona Antártica Especialmente Protegida o Zona Antártica Especialmente Administrada, o que no esté situado dentro de una de estas zonas, se clasifique como Sitio o Monumento Histórico. Esta propuesta de clasificación puede ser aprobada por las Partes Consultivas al Tratado Antártico por una medida adoptada durante una Reunión Consultiva del Tratado Antártico, de conformidad con el artículo IX (1) del Tratado Antártico. Si la medida no especifica lo contrario, se estimará que el Plan habrá quedado aprobado 90 días después de la clausura de la Reunión Consultiva del Tratado Antártico en que se adoptó, a menos que una o más de las Partes Consultivas notifique al Depositario, dentro de ese plazo, que desea una prórroga del mismo o que no puede aprobar la medida.

3.   Los Sitios y Monumentos Históricos que hayan sido designados como tales en anteriores reuniones consultivas del Tratado Antártico se incluirán en la lista de Sitios y Monumentos Históricos mencionada en el presente artículo.

4.   Los Sitios y Monumentos Históricos no deberán dañarse, trasladarse ni destruirse.

5.   Se puede enmendar la lista de Sitios y Monumentos Históricos de conformidad con el párrafo 2 *supra*. El Depositario llevará una lista actualizada de los Sitios y Monumentos Históricos.

ARTÍCULO 9
INFORMACIÓN Y PUBLICIDAD

1.   Para garantizar que todas las personas que visitan o se proponen visitar la Antártida comprendan y acaten las disposiciones del presente Anexo, cada Parte preparará y distribuirá información sobre:

   a)   la ubicación de las Zonas Antárticas Especialmente Protegidas y las Zonas Antárticas Especialmente Administradas;

   b)   las listas y los mapas de dichas zonas;

   c)   los Planes de Gestión, con la mención de las prohibiciones correspondientes a cada zona;

   d)   la ubicación de los Sitios y Monumentos Históricos, con las correspondientes prohibiciones o restricciones.

2.   Cada Parte verificará que la ubicación y, en lo posible, los límites de las Zonas Antárticas Especialmente Protegidas, de las Zonas Antárticas Especialmente Administradas y de los Sitios y Monumentos Históricos figuran en los mapas topográficos, las cartas hidrográficas y en otras publicaciones pertinentes.

3.   Las Partes cooperarán para garantizar que, cuando proceda, se marquen visiblemente en el lugar los límites de las Zonas Antárticas Especialmente Protegidas, de las Zonas Antárticas Especialmente Administradas y de los Sitios y Monumentos Históricos.

ARTÍCULO 10
INTERCAMBIO DE INFORMACIÓN

1.   Las Partes adoptarán disposiciones para:

   a)   reunir e intercambiar registros, en particular los registros de los permisos y los informes de las visitas e inspecciones efectuadas en las Zonas Antárticas Especialmente Protegidas y las Zonas Antárticas Especialmente Administradas;

   b)   obtener e intercambiar información sobre cualquier cambio o daño significativo registrado en cualquier Zona Antártica Especialmente Administrada, cualquier Zona Antártica Especialmente Protegida o cualquier Sitio o Monumento Histórico; y

c) preparar formularios normalizados para que las Partes comuniquen los registros e informaciones, de conformidad con el párrafo 2 *infra*.

2. Cada Parte informará a las demás y al Comité antes de finales de noviembre de cada año, el número y la índole de permisos expedidos de conformidad con el presente Anexo durante el anterior período del 1° de julio al 30 de junio.

3. Toda Parte que lleve a cabo, financie o autorice actividades de investigación o de otro tipo en Zonas Antárticas Especialmente Protegidas o Zonas Antárticas Especialmente Administradas llevará un registro de éstas y, con motivo del intercambio anual de información previsto por el Tratado, proporcionará descripciones resumidas de las actividades llevadas a cabo por personas sujetas a su jurisdicción en dichas zonas durante el año transcurrido.

4. Cada Parte informará a las demás y al Comité, antes de finales de noviembre de cada año, de las medidas que ha adoptado para aplicar las disposiciones del presente Anexo, en particular las inspecciones de los sitios, y de las medidas que ha tomado para señalar a las autoridades competentes cualquier actividad que haya contravenido las disposiciones del Plan de Gestión aprobado para una Zona Antártica Especialmente Protegida o una Zona Antártica Especialmente Administrada.

ARTÍCULO 11
CASOS DE EMERGENCIA

1. Las restricciones establecidas y autorizadas por el presente Anexo no se aplicarán en casos de emergencia en los que esté en juego la seguridad de vidas humanas o de buques, de aeronaves o equipos e instalaciones de gran valor o la protección del medio ambiente.

2. Las actividades realizadas en casos de emergencia se notificarán rápidamente a todas las Partes y al Comité.

ARTÍCULO 12
ENMIENDAS O MODIFICACIONES

1. El presente Anexo podrá enmendarse o modificarse por una medida adoptada en conformidad con el párrafo 1 del artículo IX del Tratado Antártico. Si la medida no especifica lo contrario, se estimará que la enmienda o modificación habrá sido aprobada, y entrará en vigor, un año después de la clausura de la Reunión Consultiva del Tratado Antártico en que se adoptó, a menos que una o más de las Partes Consultivas notifique al Depositario, dentro de ese plazo, que desea una prórroga del mismo o que no puede aprobar la medida.

2.	Cualquier enmienda o modificación del presente Anexo que entre en vigor en conformidad con el párrafo 1 *supra*, entrará en vigor para cualquier otra Parte cuando el Depositario haya recibido la notificación de que dicha Parte la aprueba.

ANEXO VI AL PROTOCOLO AL TRATADO ANTÁRTICO SOBRE PROTECCIÓN DEL MEDIO AMBIENTE

RESPONSABILIDAD EMANADA DE EMERGENCIAS AMBIENTALES

Preámbulo

Las Partes,

Reconociendo la importancia de prevenir, reducir al mínimo y contener el impacto de las emergencias ambientales en el medio ambiente antártico y los ecosistemas dependientes y asociados;

Recordando el artículo 3 del Protocolo, en particular que las actividades deberán ser planificadas y realizadas en la zona del Tratado Antártico de tal manera que se otorgue prioridad a la investigación científica y se preserve el valor de la Antártida como una zona para la realización de tales investigaciones;

Recordando la obligación establecida en el artículo 15 del Protocolo de disponer una acción de respuesta rápida y efectiva en los casos de emergencia ambiental y establecer planes de contingencia para responder a los incidentes que puedan tener efectos adversos para el medio ambiente antártico o sus ecosistemas dependientes y asociados;

Recordando el artículo 16 del Protocolo, en virtud del cual, de conformidad con los objetivos del Protocolo para la protección global del medio ambiente antártico y de los ecosistemas dependientes y asociados, las Partes se comprometieron a elaborar, en uno o más anexos del Protocolo, normas y procedimientos relacionados con la responsabilidad derivada de daños provocados por actividades que se desarrollen en la zona del Tratado Antártico y cubiertas por el Protocolo;

Tomando nota de la Decisión 3 (2001) de la XXIV Reunión Consultiva del Tratado Antártico relativa a la elaboración de un anexo sobre los aspectos de las emergencias ambientales relativos a la responsabilidad, como una etapa en el establecimiento de un régimen sobre responsabilidad de conformidad con el artículo 16 del Protocolo;

Teniendo en cuenta el artículo IV del Tratado Antártico y el artículo 8 del Protocolo,

Han acordado lo siguiente:

ARTÍCULO 1

ALCANCE

El presente Anexo se aplicará a las emergencias ambientales en la zona del Tratado Antártico relacionadas con los programas de investigación científica, el turismo y las demás actividades gubernamentales y no gubernamentales en la zona del Tratado Antártico para las cuales se requiera informar por adelantado de conformidad con el artículo VII (5) del Tratado Antártico, incluidas las actividades de apoyo logístico asociadas. El presente anexo incluye también medidas y planes para prevenir tales emergencias y responder a ellas. Se aplicará a todas las naves de turismo que ingresen en la zona del Tratado Antártico. Se aplicará también a las emergencias ambientales en la zona del Tratado Antártico relacionadas con otras naves y actividades según se decida de conformidad con el artículo 13.

ARTÍCULO 2

DEFINICIONES

A efectos del presente Anexo:

a) "Decisión" significa una Decisión aprobada de conformidad con las Reglas de Procedimiento de la Reunión Consultiva del Tratado Antártico y a la que se refiere la Decisión 1 (1995) de la XIX Reunión Consultiva del Tratado Antártico;

b) "Emergencia ambiental" significa todo suceso accidental que ha ocurrido, habiendo tenido lugar después de la entrada en vigor del presente Anexo, y que resulta, o inminentemente amenaza con resultar, en cualquier impacto importante y perjudicial en el medio ambiente antártico;

c) "Operador" significa toda persona natural o jurídica, sea estatal o no estatal, que organiza actividades a ser realizadas en la zona del Tratado Antártico. Un operador no incluye una persona natural que sea empleada, contratista, subcontratista o agente o que esté al servicio de una persona natural o jurídica, sea estatal o no estatal, que organiza actividades a ser realizadas en la zona del Tratado Antártico, y no incluye una persona jurídica que sea contratista o subcontratista que trabaje por cuenta y orden de un operador estatal;

d) "Operador de la Parte" significa un operador que organiza, en el territorio de esa Parte, actividades a ser realizadas en la zona del Tratado Antártico, y:

i) dichas actividades están sujetas a autorización por esa Parte para la zona del Tratado Antártico; o

ii) en el caso de una Parte que no autoriza formalmente actividades para la zona del Tratado Antártico, dichas actividades están sujetas a un proceso regulatorio comparable por esa Parte.

Los términos "su operador", "Parte del operador" y "Parte de ese operador" se interpretarán de conformidad con la presente definición;

e)   "Razonable", aplicado a las medidas preventivas y la acción de respuesta, significa las medidas o acciones que sean apropiadas, practicables, proporcionadas y basadas en la disponibilidad de criterios e información objetivos, incluidos los siguientes:

   i)   los riesgos para el medio ambiente antártico y el ritmo de su recuperación natural;

   ii)   los riesgos para la vida y la seguridad humanas; y

   iii)   la factibilidad tecnológica y económica.

f)   "Acción de respuesta" significa las medidas razonables adoptadas después que haya ocurrido una emergencia ambiental para evitar, reducir al mínimo o contener el impacto de esa emergencia ambiental, que a tal efecto pueden comprender la limpieza en circunstancias adecuadas, e incluye la determinación de la magnitud de dicha emergencia y su impacto;

g)   "Las Partes" significa los Estados para los cuales el presente Anexo ha entrado en vigor de conformidad con el artículo 9 del Protocolo.

ARTÍCULO 3
MEDIDAS PREVENTIVAS

1.   Cada Parte requerirá que sus operadores adopten medidas preventivas razonables concebidas para reducir el riesgo de emergencias ambientales y el impacto adverso que puedan tener.

2.   Las medidas preventivas podrán comprender:

a)   estructuras o equipos especializados incorporados en el diseño y la construcción de instalaciones y medios de transporte;

b)   procedimientos especializados incorporados en el funcionamiento o mantenimiento de instalaciones y medios de transporte; y

c)   capacitación especializada del personal.

ARTÍCULO 4
PLANES DE CONTINGENCIA

1. Cada Parte requerirá que sus operadores:

    a) establezcan planes de contingencia para responder a incidentes que puedan tener impactos adversos en el medio ambiente antártico o sus ecosistemas dependientes y asociados; y

    b) cooperen en la formulación y ejecución de dichos planes de contingencia.

2. Los planes de contingencia incluirán, según corresponda, los siguientes componentes:

    a) procedimientos para realizar una evaluación de la naturaleza del incidente;

    b) procedimientos de notificación;

    c) identificación y movilización de los recursos;

    d) planes de respuesta;

    e) capacitación;

    f) documentación; y

    g) desmovilización.

3. Cada Parte establecerá y aplicará procedimientos para la inmediata notificación de las emergencias ambientales y una respuesta cooperativa a las mismas, y promoverá el uso de los procedimientos de notificación y de respuesta cooperativa por sus operadores que causen emergencias ambientales.

ARTÍCULO 5
ACCIÓN DE RESPUESTA

1. Cada Parte requerirá que cada uno de sus operadores realice una acción de respuesta rápida y efectiva ante las emergencias ambientales emanadas de las actividades de ese operador.

2. En caso de que un operador no realice una acción de respuesta rápida y efectiva, se insta a la Parte de ese operador y a otras Partes a realizar dicha acción, incluso por medio de sus agentes y operadores específicamente autorizados por ellos para realizar tal acción en su nombre.

3. a) Otras Partes que deseen realizar una acción de respuesta frente a una emergencia ambiental de conformidad con el párrafo 2 *supra* deberán comunicar su intención a la Parte del operador y a la Secretaría del Tratado Antártico con antelación a fin de que la Parte del operador realice ella misma una acción de respuesta, excepto en los casos en que la amenaza de un impacto importante y perjudicial en el medio ambiente antártico sea inminente y sea razonable en todas las circunstancias realizar

una acción de respuesta inmediata, en cuyo caso notificarán a la Parte del operador y a la Secretaría del Tratado Antártico cuanto antes.

b) Tales otras Partes no realizarán una acción de respuesta ante una emergencia ambiental de conformidad con el párrafo 2 *supra* a menos que una amenaza de un impacto importante y perjudicial en el medio ambiente antártico sea inminente y que sea razonable en todas las circunstancias realizar una acción de respuesta inmediata, que la Parte del operador no haya notificado en un plazo razonable a la Secretaría del Tratado Antártico que realizará la acción de respuesta ella misma o que tal acción de respuesta no haya sido realizada en un plazo razonable después de dicha notificación.

c) En caso de que la Parte del operador realice ella misma la acción de respuesta pero esté dispuesta a recibir asistencia de otra Parte u otras Partes, la Parte del operador coordinará la acción de respuesta.

4. No obstante, si no queda claro cuál Parte, si la hubiere, es la Parte del operador o si parece que podría haber más de una Parte del operador, toda Parte que realice una acción de respuesta hará todo lo posible para efectuar las consultas pertinentes y, cuando sea factible, notificará las circunstancias a la Secretaría del Tratado Antártico.

5. Las Partes que realicen una acción de respuesta consultarán y coordinarán su acción con las demás Partes que realicen una acción de respuesta, que lleven a cabo actividades en las proximidades de la emergencia ambiental o que se vean afectadas de otra forma por la emergencia ambiental y, cuando sea factible, tendrán en cuenta todos los consejos pertinentes de expertos dados por delegaciones de observadores permanentes en la Reunión Consultiva del Tratado Antártico, por otras organizaciones o por otros expertos pertinentes.

ARTÍCULO 6

RESPONSABILIDAD

1. Un operador que no realice una acción de respuesta rápida y eficaz ante emergencias ambientales emanadas de sus actividades será responsable del pago de los costos de la acción de respuesta que realicen las Partes de conformidad con el artículo 5(2) a dichas Partes.

2. a) Cuando un operador estatal debería haber realizado una acción de respuesta rápida y eficaz pero no lo hizo, y ninguna Parte realizó una acción de respuesta, el operador estatal será responsable del pago al fondo al que se refiere el artículo 12 de los costos de la acción de respuesta que debería haberse realizado.

b) Cuando un operador no estatal debería haber realizado una acción de respuesta rápida y eficaz pero no lo hizo, y ninguna Parte realizó una acción de respuesta, el operador no estatal será responsable del pago de una suma de dinero que refleje en la mayor medida de lo posible los costos de la acción de respuesta que debería haberse realizado. Tal suma deberá pagarse directamente al fondo al que se refiere el artículo 12, a la Parte de ese operador o a la Parte que aplique el mecanismo al que se refiere el artículo 7(3). La Parte que reciba esa suma hará todo lo posible para realizar una contribución al fondo al que se refiere el artículo 12 que equivalga por lo menos a la suma recibida del operador.

3.   La responsabilidad será estricta.

4.   Cuando una emergencia ambiental emane de las actividades de dos o más operadores, los mismos serán mancomunada y solidariamente responsables, salvo que un operador demuestre que sólo una parte de la emergencia ambiental resulta de sus actividades, en cuyo caso será responsable únicamente por esa parte.

5.   Sin perjuicio de que, de conformidad con el presente artículo, una Parte es responsable por no disponer la realización de una acción de respuesta rápida y eficaz ante emergencias ambientales causadas por sus buques de guerra, auxiliares navales u otros buques o aeronaves de su propiedad u operados por ella y utilizados, de momento, únicamente en tareas gubernamentales no comerciales, ninguna de las disposiciones del presente anexo tiene la intención de afectar a la inmunidad soberana, conforme al derecho internacional, de dichos buques de guerra, auxiliares navales u otros buques o aeronaves.

ARTÍCULO 7

ACCIONES

1.   Solamente una Parte que haya realizado una acción de respuesta de conformidad con el artículo 5(2) podrá entablar una acción por responsabilidad contra un operador no estatal de conformidad con el artículo 6(1) y dicha acción podrá entablarse en los tribunales de no más de una Parte en cuyo territorio el operador se haya constituido o tenga su principal centro de actividad o su lugar de residencia habitual. No obstante, si el operador no se ha constituido en el territorio de una Parte o no tiene su principal centro de actividad o su lugar de residencia habitual en el territorio de una Parte, la acción podrá entablarse en los tribunales de la Parte del operador en el sentido del artículo 2(d). Dichas acciones de indemnización deberán entablarse dentro de los tres años siguientes al inicio de la acción de respuesta o dentro de los tres años siguientes a la fecha en que la Parte que entable la acción haya conocido o hubiera sido razonable que conociera la identidad del operador, de ambas situaciones la que se produzca más tarde. En ningún caso se entablará una acción contra un operador no estatal después que hayan transcurrido 15 años desde la fecha de inicio de la acción de respuesta.

2.   Cada Parte se cerciorará de que sus tribunales tengan la competencia necesaria para entender en dichas acciones de conformidad con el párrafo 1 *supra*.

3.   Cada Parte se cerciorará de que exista un mecanismo en su legislación nacional para aplicar el artículo 6(2)(b) con respecto a cualquiera de sus operadores no

estatales en el sentido del artículo 2(d) y, si es posible, con respecto a cualquier operador no estatal que se haya constituido o tenga su principal centro de actividad o su lugar de residencia habitual en el territorio de dicha Parte. Cada Parte deberá informar a las demás Partes sobre este mecanismo de conformidad con el artículo 13(3) del Protocolo. Si hubiera múltiples Partes en condiciones de aplicar el artículo 6(2)(b) contra un operador no estatal determinado de conformidad con el presente párrafo, tales Partes deberán consultar entre ellas para determinar qué Parte deberá entablar la acción a fin de hacer cumplir las disposiciones. El mecanismo al que se refiere este párrafo no será invocado después que hayan transcurrido 15 años desde la fecha en que la Parte que pretende invocar el mecanismo haya tomado conocimiento de la emergencia ambiental.

4. La responsabilidad de una Parte como operador estatal de conformidad con el artículo 6(1) se resolverá únicamente de conformidad con cualquier procedimiento de investigación que las Partes establezcan, con las disposiciones de los artículos 18, 19 y 20 del Protocolo y, si procede, con el apéndice del Protocolo sobre arbitraje.

5. a) La responsabilidad de una Parte como operador estatal de conformidad con el artículo 6(2) será resuelta únicamente por la Reunión Consultiva del Tratado Antártico y, si la cuestión sigue sin resolverse, únicamente de conformidad con cualquier procedimiento de investigación que las Partes establezcan, con las disposiciones de los artículos 18, 19 y 20 del Protocolo y, si procede, con el apéndice del Protocolo sobre arbitraje.

   b) Los costos de la acción de respuesta que debería haberse realizado pero no se realizó que deberá pagar un operador estatal al fondo al que se refiere el artículo 12 serán aprobados mediante una Decisión. La Reunión Consultiva del Tratado Antártico solicitará el asesoramiento del Comité para la Protección del Medio Ambiente, según corresponda.

6. En el presente Anexo, las disposiciones de los artículos 19(4), 19(5) y 20(1) del Protocolo y, según corresponda, el apéndice del Protocolo sobre arbitraje se aplicarán solamente a la responsabilidad de una Parte como operador estatal por la indemnización por la acción de respuesta realizada ante una emergencia ambiental o por el pago al fondo.

ARTÍCULO 8

EXENCIONES DE RESPONSABILIDAD

1.   Un operador no será responsable de conformidad con el artículo 6 si demuestra que la emergencia ambiental fue causada por:

a)   un acto u omisión necesaria para proteger la vida o la seguridad humanas;

b)   un suceso que constituye en las circunstancias de la Antártida un desastre natural de índole excepcional, que no podría haberse previsto razonablemente, ya sea en general o en ese caso en particular, siempre que se hayan tomado todas las medidas preventivas razonables para reducir el riesgo de emergencias ambientales y el impacto adverso que pudieran tener;

c)   un acto de terrorismo; o

d)   un acto de beligerancia contra las actividades del operador.

2.   Una Parte, o sus agentes u operadores específicamente autorizados por ella para realizar tal acción en su nombre no será responsable por una emergencia ambiental resultante de una acción de respuesta realizada por ella de conformidad con el artículo 5(2) en la medida en que tal acción de respuesta fuese razonable en toda circunstancia.

ARTÍCULO 9

LÍMITES DE LA RESPONSABILIDAD

1.   El monto máximo por el cual cada operador podrá ser responsable de conformidad con el artículo 6(1) o el artículo 6(2) con respecto a cada emergencia ambiental será el siguiente:

a)   para una emergencia ambiental emanada de un suceso que involucre una nave:

i)   un millón de DEG para una nave con un arqueo que no exceda de 2.000 toneladas;

ii)   para una nave con un arqueo que exceda del antedicho, el monto siguiente además del monto al que se refiere en el párrafo (i) *supra*:

-    por cada tonelada de 2.001 a 30.000 toneladas, 400 DEG;

-    por cada tonelada de 30.001 a 70.000 toneladas, 300 DEG; y

-    por cada tonelada que exceda de 70.000 toneladas, 200 DEG;

b)   para una emergencia ambiental emanada de un suceso que no involucre una nave, tres millones de DEG.

2.   a)   Sin perjuicio de lo dispuesto en el párrafo 1(a) *supra*, el presente Anexo no afectará a:

i) la responsabilidad o el derecho de limitar la responsabilidad en virtud de cualquier tratado internacional aplicable sobre limitación de la responsabilidad; o

ii) la aplicación de una reserva formulada de conformidad con cualquier tratado de ese tipo para excluir la aplicación de los límites establecidos en ellos para ciertos reclamos;

siempre que los límites aplicables sean por lo menos los siguientes: para una nave con un arqueo que no exceda de 2.000 toneladas, un millón de DEG; y para una nave con un arqueo que exceda del antedicho, la siguiente suma adicional: para una nave con un arqueo de 2.001 a 30.000 toneladas, 400 DEG por cada tonelada; para una nave con un arqueo de 30.001 a 70.000 toneladas, 300 DEG por cada tonelada; y por cada tonelada en exceso de 70.000, 200 DEG.

b) Ninguna de las disposiciones del inciso (a) *supra* afectará a los límites de la responsabilidad establecidos en el párrafo 1(a) *supra* que se aplican a una Parte en calidad de operador estatal, ni a los derechos y las obligaciones de las Partes que no sean partes de ninguno de dichos tratados, ni a la aplicación del artículo 7(1) y el artículo 7(2).

3. La responsabilidad no será limitada si se demuestra que la emergencia ambiental fue el resultado de un acto u omisión del operador cometido con la intención de causar dicha emergencia o temerariamente y a sabiendas de que probablemente resultaría dicha emergencia.

4. La Reunión Consultiva del Tratado Antártico revisará los límites indicados en los párrafos 1(a) y 1(b) *supra* cada tres años, o antes a pedido de cualquiera de las Partes. Toda enmienda a estos límites, que se determinará después que se efectúen consultas entre las Partes y sobre la base de asesoramiento, incluido asesoramiento científico y técnico, se hará de conformidad con el procedimiento establecido en el artículo 13(2).

5. A efectos del presente artículo:

a) "nave" significa una embarcación de cualquier tipo que opere en el medio marino e incluye los aliscafos, los aerodeslizadores, los sumergibles, las naves flotantes y las plataformas fijas o flotantes;

b) "DEG" significa derechos especiales de giro tal como los define el Fondo Monetario Internacional;

c) el tonelaje de una nave será el arqueo bruto calculado de conformidad con las reglas de cálculo de tonelaje contenidas en el Anexo I de la Convención Internacional Sobre Medición del Tonelaje de Barcos, de 1969.

ARTÍCULO 10

RESPONSABILIDAD DEL ESTADO

Una Parte no será responsable por el hecho de que un operador, que no sea uno de sus operadores estatales, no realice una acción de respuesta en la medida en que dicha Parte haya tomado medidas apropiadas en el marco de su competencia, incluida la aprobación de leyes y reglamentos, acciones administrativas y medidas para aplicar las disposiciones, a fin de asegurar el cumplimiento del presente Anexo.

ARTÍCULO 11

SEGURO Y OTRAS GARANTÍAS FINANCIERAS

1.   Cada Parte requerirá que sus operadores tengan un seguro suficiente u otras garantías financieras, como la garantía de un banco o institución financiera similar, para cubrir la responsabilidad de conformidad con el artículo 6(1) hasta los límites aplicables establecidos en el artículo 9(1) y el artículo 9(2).

2.   Cada Parte podrá requerir que sus operadores tengan un seguro suficiente u otras garantías financieras, como la garantía de un banco o institución financiera similar, para cubrir la responsabilidad de conformidad con el artículo 6(2) hasta los límites aplicables establecidos en el artículo 9(1) y el artículo 9(2).

3.   Sin perjuicio de lo dispuesto en los párrafos 1 y 2 *supra*, una Parte podrá tener autoseguro con respecto a sus operadores estatales, incluidos aquellos que realicen actividades en respaldo de la investigación científica.

ARTÍCULO 12

EL FONDO

1.   La Secretaría del Tratado Antártico mantendrá y administrará un fondo, de conformidad con Decisiones que incluyan mandatos aprobados por las Partes, con el propósito de facilitar los medios necesarios para, entre otras cosas, el reembolso de los costos razonables y justificados incurridos por una Parte o más de una al realizar una acción de respuesta de conformidad con el artículo 5(2).

2.   Cualquier Parte o cualesquiera Partes podrán presentar una propuesta a la Reunión Consultiva del Tratado Antártico para que se efectúe un reembolso con recursos del fondo. Dicha propuesta podrá ser aprobada por la Reunión Consultiva del Tratado Antártico, en cuyo caso será aprobada mediante una Decisión. La Reunión Consultiva del Tratado Antártico podrá solicitar el asesoramiento del Comité para la Protección del Medio Ambiente acerca de dicha propuesta, según corresponda.

3.   Al aplicar lo dispuesto en el párrafo 2, la Reunión Consultiva del Tratado Antártico deberá tomar debidamente en cuenta circunstancias y criterios especiales, como el hecho de que el operador responsable sea un operador de la Parte que solicita el reembolso, que se desconozca la identidad del operador responsable o que dicho operador no esté sujeto a las disposiciones del presente Anexo, la quiebra

imprevista de la compañía de seguros o la entidad financiera pertinente o la aplicación de una exención prevista en el artículo 8.

4.   Cualquier Estado o persona podrá hacer contribuciones voluntarias al Fondo.

ARTÍCULO 13
ENMIENDA O MODIFICACIÓN

1.   El presente Anexo podrá ser enmendado o modificado por una Medida adoptada de conformidad con el artículo IX (1) del Tratado Antártico.

2.   En el caso de una Medida conforme al artículo 9(4) y en cualquier otro caso a menos que la Medida en cuestión especifique lo contrario, se considerará que la enmienda o modificación ha sido aprobada, y entrará en vigor, un año después de la clausura de la Reunión Consultiva del Tratado Antártico en la que haya sido adoptada, a menos que una o más Partes Consultivas del Tratado Antártico notifiquen al Depositario, dentro de ese plazo, que desean una prórroga o que no están en condiciones de aprobar dicha Medida.

3.   Toda enmienda o modificación del presente Anexo que entre en vigor de conformidad con el párrafo 1 o 2 *supra* entrará en vigor con posterioridad para cualquier otra Parte cuando el Depositario haya recibido la notificación de la aprobación.

CONVENCIÓN SOBRE LA CONSERVACIÓN DE LOS RECURSOS VIVOS MARINOS ANTÁRTICOS (CCRVMA)

CONFERENCIA SOBRE LA CONSERVACION

DE LOS RECURSOS VIVOS MARINOS ANTARTICOS

Canberra, 7-20 de mayo de 1980

ACTA FINAL

I

Los Gobiernos de la Argentina, Australia, Bélgica, Chile, la República Francesa, la República Democrática Alemana, Alemania, República Federal de, el Japón, Nueva Zelandia, Noruega, Polonia, la República de Sudáfrica, la Unión de Repúblicas Socialistas Soviéticas, el Reino Unido de Gran Bretaña e Irlanda del Norte y los Estados Unidos de América;

Habiendo aceptado la invitación que les ha sido cursada por el Gobierno de Australia para participar en una Conferencia sobre la Conservación de los Recursos Vivos Marinos Antárticos, nombraron a sus representantes, conse-jeros y observadores que figuran en la lista siguiente:

(La lista de los representantes figura en el texto inglés.)

Las organizaciones internacionales que se indican a continuación fueron invitadas por el Gobierno de Australia a participar como observadoras en la Conferencia y designaron a las siguientes delegaciones:

(La lista de los representantes figura en el texto inglés.)

La Conferencia se reunió en Canberra el 7 de mayo de 1980 bajo la Presidencia del Sr. J.E. Ryan, representante de la delegación de Australia. El Secretario General fue el Sr. R.H. Wyndham.

Se estableció un Comité de Redacción, conforme al reglamento de la Conferencia, constituido como sigue:

Sr. David EDWARDS, Reino Unido (Presidente)
Su Excelencia el Ministro Ricardo Pedro QUADRI, Argentina
Sr. Joaquín Daniel OTERO, Argentina
Sr. John BAILEY, Australia
Sr. Juan FONTECILLA, Chile
Sr. Celso MORENO, Chile
Srta. Josiane COURATIER, Francia
Sr. Gerard BOIVÍNEAU, Francia
Sr. Jun YOKOTA, Japón
Sr. P.D. OELOFSEN, Sudáfrica
Dr. V.V. GOLITSIN, Unión de Repúblicas Socialistas Soviéticas
Sr. David COLSON, Estados Unidos de América

La sesión final se celebró el 20 de mayo de 1980. Como resultado de sus deliberaciones, la Conferencia ha adoptado y redactado para la firma una "Convención sobre la Conservación de los Recursos Vivos Marinos Antárticos", cuyo texto se adjunta a la presente.

La Conferencia decidió también incluir en el Acta Final el texto de la siguiente declaración, hecha por el Presidente el 19 de mayo de 1980, acerca de la aplicación de la Convención sobre la Conservación de los Recursos Vivos Marinos Antárticos a las aguas adyacentes a Kerguelen y Crozet, sobre las cuales tiene jurisdicción Francia, y a las aguas adyacentes a otras islas dentro del área a la cual se aplica esta Convención sobre las cuales la existencia de una soberanía de Estado es reconocida por todas las Partes Contratantes.

"1. Las medidas para la conservación de los recursos vivos marinos antárticos de las aguas adyacentes a Kerguelen y Crozet, sobre las cuales tiene jurisdicción Francia, adoptadas por Francia antes de la entrada en vigor de la Convención seguirían en vigor después de la entrada en vigor de la Convención hasta que Francia, actuando en el marco de la Convención o de otro modo, las modificara.

2. Después de la entrada en vigor de la Convención, cada vez que la Comisión examinara las necesidades de conservación de los recursos vivos marinos de la zona general en que se encuentran las aguas adyacentes a Kerguelen y Crozet, Francia podría, bien acordar que esas aguas se incluyeran en la zona de aplicación de cualquier medida específica de conservación en estudio, o bien indicar que se excluirían. En el último caso, la Comisión no procedería a adoptar la medida específica de conservación en una forma aplicable a esas aguas, a menos que Francia retirara su objeción. Francia podría también adoptar las medidas nacionales que estimara apropiadas para dichas aguas.

3. Así pues, cuando se consideraran medidas específicas de conservación en el marco de la Comisión y con la participación de Francia:

  a) Francia estaría obligada por cualquier medida de conservación adoptada por consenso con su participación mientras duraran esas medidas. Ello no impediría a Francia promulgar medidas nacionales más estrictas que las de la Comisión o relativas a otras cuestiones;

  b) a falta de consenso, Francia podría promulgar cualquier medida nacional que estimara apropriada.

4. Las medidas de conservación, bien nacionales o bien adoptadas por la Comisión, relativas a las aguas adyacentes a Kerguelen y Crozet serían aplicadas por Francia. El sistema de observación e inspección previsto por la Convención sólo se aplicaría en las aguas adyacentes a Kerguelen y Crozet con el acuerdo de Francia y en la forma acordada.

5. Las estipulaciones indicadas en los párrafos 1 a 4 _supra_ sobre la aplicación de la Convención a las aguas adyacentes a las islas de Kerguelen y Crozet se aplican también a las aguas adyacentes a las islas dentro de la zona a la cual se aplica esta Convención sobre las cuales todas las Partes Contratantes reconozcan la existencia de una soberanía de Estado."

No se formularon objeciones a esa declaración.

II

La Conferencia sobre la Conservación de los Recursos Vivos Marinos Antárticos,

Tomando nota de que se ha preparado un régimen definitivo para la conservación de los recursos vivos marinos antárticos y deseando que ese régimen entre en vigor lo antes posible;

Reconociendo que actualmente se están recolectando recursos vivos marinos antárticos y subrayando la importancia de los objetivos de la Convención sobre la Conservación de los Recursos Vivos Marinos Antárticos;

Reconociendo la necesidad de identificar las actividades de investigación que faciliten la aplicación efectiva de la Convención, de intensificarlas y de cooperar en su realización;

Deseando asimismo facilitar la aplicación de la Convención intensificando y coordinando la compilación de los datos científicos y pesqueros necesarios para que el Comité Científico que ha de crearse en virtud de la Convención pueda comenzar una labor eficaz cuando entre en vigor la Convención;

Pide a las Partes que tienen derecho a ser miembros de la Comisión:

1. Que tomen todas las medidas posibles para que la Convención sobre la Conservación de los Recursos Vivos Marinos Antárticos entre en vigor cuanto antes;

2. Que pongan el cuidado y la preocupación mayores posibles, teniendo en cuenta los principios y objetivos del Artículo II de la Convención, en cualquier actividad de recolección de los recursos vivos marinos antárticos previa a la entrada en vigor de la Convención y al examen del estado de las reservas por el Comité que debe establecerse en virtud de la Convención sobre la Conservación de los Recursos Vivos Marinos Antárticos;

3. Que, en la mayor medida practicable y factible, cooperen amplia y cabalmente en el desarrollo continuo de los datos científicos y pesqueros necesarios para la aplicación efectiva de la Convención sobre la Conservación de los Recursos Vivos Marinos Antárticos, y a tal fin:

    a) que intensifiquen la investigación científica relacionada con los recursos vivos marinos antárticos;

    b) que identifiquen los datos científicos y pesqueros necesarios y el modo en que deben compilarse y registrarse esos datos para facilitar el trabajo del Comité Científico que debe establecerse en virtud de la Convención; y

    c) que compilen datos científicos y pesqueros identificados de conformidad con el apartado b) supra, a fin de distribuir esos datos a las Partes Contratantes cuando entre en vigor la

Convención sobre la Conservación de los Recursos Vivos Marinos Antárticos.

III

La Conferencia sobre la Conservación de los Recursos Vivos Marinos Antárticos,

Habiendo acordado el texto de una Convención en virtud de la cual se crearía una Comisión y un Comité Científico para la Conservación de los Recursos Vivos Marinos Antárticos, y una Secretaría Ejecutiva;

Reconociendo la necesidad de examinar los métodos de trabajo del Secretario Ejecutivo y la Secretaría para que puedan comenzar sus trabajos lo antes posible después de la entrada en vigor de la Convención;

Toma nota de la intención del Depositario de convocar una reunión de representantes de las Partes que tienen derecho a ser miembros de la Comisión en el plazo de un año a partir de la expiración del período durante el cual la Convención esté abierta a la firma, a fin de examinar posibles medidas para facilitar la pronta entrada en funciones de la Comisión, del Comité Científico y de la Secretaría Ejecutiva cuando se establezcan esos órganos.

IV

La Conferencia sobre la Conservación de los Recursos Vivos Marinos Antárticos resuelve:

1. Expresar su gratitud al Gobierno de Australia por su iniciativa de convocar la presente Conferencia y por la preparación de la misma;

2. Expresar a su Presidente, Sr. J.E. Ryan, su profundo reconocimiento por su admirable labor de dirección de la Conferencia;

3. Expresar a los miembros de la Mesa y al personal de la Secretaría su reconocimiento por sus incansables esfuerzos que han contribuido a la consecución de los objetivos de la Conferencia.

V

La Conferencia sobre la Conservación de los Recursos Vivos Marinos Antárticos resuelve:

Que el Gobierno de Australia queda autorizado a publicar el Acta Final de esta Conferencia y el texto de la Convención adjunto a la presente.

<u>VI</u>

La Conferencia sobre la Conservación de los Recursos Vivos Marinos Antárticos resuelve:

Expresar su profunda gratitud al Gobierno de Australia por su oferta de facilitar un lugar para la sede de la Comisión que debe establecerse en virtud de la Convención.

Hecha en Canberra, en el día de hoy, veinte de mayo de 1980, en un solo ejemplar original que será depositado en los archivos del Gobierno de Australia, el cual transmitirá una copia certificada del mismo a todos los demás participantes en la Conferencia.

En testimonio de lo cual, los siguientes representantes han firmado esta Acta Final.

CONVENCIÓN SOBRE LA CONSERVACIÓN DE LOS RECURSOS VIVOS MARINOS ANTÁRTICOS

Las Partes Contratantes,

Reconociendo la importancia de salvaguardar el medio ambiente y de proteger la integridad del ecosistema de los mares que rodean la Antártida;

Observando la concentración de recursos vivos marinos en las aguas antárticas y el creciente interés en las posibilidades que ofrece la utilización de esos recursos como fuente de proteínas;

Conscientes de la urgencia de asegurar la conservación de los recursos vivos marinos antárticos;

Considerando que es esencial aumentar el conocimiento del ecosistema marino antártico y de sus componentes para poder basar las decisiones sobre recolección en una sólida información científica;

Persuadidas de que la conservación de los recursos vivos marinos antárticos exige la cooperación internacional, teniendo debidamente en cuenta las disposiciones del Tratado Antártico y con la participación activa de todos los Estados dedicados a actividades de investigación o recolección en aguas antárticas;

Reconociendo las responsabilidades fundamentales de las Partes Consultivas del Tratado Antártico en materia de protección y preservación del medio ambiente antártico y, en particular, sus responsabilidades en virtud del párrafo 1, (f) del artículo IX del Tratado Antártico con respecto a la protección y conservación de los recursos vivos de la Antártida;

Recordando la acción ya emprendida por las Partes Consultivas del Tratado Antártico, en especial las Medidas Acordadas para la Conservación de la Fauna y Flora Antárticas, así como las disposiciones de la Convención para la Conservación de Focas Antárticas;

Teniendo presente la preocupación por la conservación de los recursos vivos marinos antárticos expresada por las Partes Consultivas en la Novena Reunión Consultiva del Tratado Antártico y la importancia de las disposiciones de la Recomendación IX-2 que dio lugar al establecimiento de la presente Convención;

Persuadidas de que interesa a toda la humanidad preservar las aguas que rodean al Continente Antártico para fines pacíficos exclusivamente y evitar que lleguen a ser escenario u objeto de discordia internacional;

Reconociendo, a la luz de lo que antecede, que es conveniente establecer un mecanismo apropiado para recomendar, promover, decidir y coordinar las medidas y estudios científicos necesarios para asegurar la conservación de los organismos vivos marinos antárticos;

Han convenido lo siguiente:

ARTÍCULO I

1.   La presente Convención se aplica a los recursos vivos marinos antárticos de la zona situada al sur de los 60° de latitud Sur y a los recursos vivos marinos antárticos de la zona comprendida entre dicha latitud y la Convergencia Antártica que forman parte del ecosistema marino antártico.

2.   "Recursos vivos marinos antárticos" significa las poblaciones de peces, moluscos, crustáceos y todas las demás especies de organismos vivos, incluidas las aves, que se encuentran al sur de la Convergencia Antártica.

3.   "Ecosistema marino antártico" significa el complejo de relaciones de los recursos vivos marinos antárticos entre sí y con su medio físico.

4.   Se considerará que la Convergencia Antártica está constituida por una línea que une los siguientes puntos a lo largo de paralelos y meridianos:

50°S, 0°; 50°S, 30°E; 45°S, 30°E; 45°S, 80°E; 55°S, 80°E; 55°S, 150°E; 60°S, 150°E; 60°S, 50°O; 50°S, 50°O; 50°S, 0°.

ARTÍCULO II

1.   El objetivo de la presente Convención es la conservación de los recursos vivos marinos antárticos.

2.   Para los fines de la presente Convención, el término "conservación" incluye la utilización racional.

3.   Toda recolección y actividades conexas en la zona de aplicación de la presente Convención deberá realizarse de acuerdo con las disposiciones de la presente Convención y con los siguientes principios de conservación:

   a)   prevención de la disminución del tamaño o de la población de cualquier especie recolectada a niveles inferiores a aquellos que aseguren su restablecimiento a niveles estables. Con tal fin no deberá permitirse que disminuya a un tamaño inferior a un nivel aproximado al que asegure el mayor incremento anual neto;

   b)   mantenimiento de las relaciones ecológicas entre poblaciones recolectadas, dependientes y afines de los recursos vivos marinos antárticos y reposición de poblaciones disminuidas por debajo de los niveles definidos en el apartado a); y

c) prevención de cambios o minimización del riesgo de cambios en el ecosistema marino que no sean potencialmente reversibles en el lapso de dos o tres decenios teniendo en cuenta el estado de los conocimientos existentes acerca de las repercusiones directas e indirectas de la recolección, el efecto de la introducción de especies exóticas, los efectos de actividades conexas sobre el ecosistema marino y los efectos de los cambios ambientales, a fin de permitir la conservación sostenida de los recursos vivos marinos antárticos.

ARTÍCULO III

Las Partes Contratantes, sean o no Partes del Tratado Antártico, acuerdan que no se dedicarán en la zona del Tratado Antártico a ninguna actividad contraria a los propósitos y principios del Tratado Antártico, y convienen en que, en sus relaciones entre sí, están vinculadas por las obligaciones contenidas en los artículos I y V del Tratado Antártico.

ARTÍCULO IV

1. Con respecto a la zona del Tratado Antártico, todas las Partes Contratantes, sean o no Partes del Tratado Antártico, están obligadas en sus relaciones entre sí por los artículos IV y VI del Tratado Antártico.

2. Nada de lo contenido en la presente Convención y ningún acto o actividad que tenga lugar mientras la presente Convención esté en vigor:

a) constituirá fundamento para hacer valer, apoyar o negar una reclamación de soberanía territorial en la zona del Tratado Antártico, ni para crear derechos de soberanía en la zona del Tratado Antártico;

b) se interpretará como una renuncia o menoscabo, por cualquier Parte Contratante, ni como perjudicial a ningún derecho o reclamación o fundamento de reclamación para el ejercicio de la jurisdicción de Estado ribereño conforme al derecho internacional en la zona a que se aplica la presente Convención;

c) se interpretará como perjudicial para la posición de cualquier Parte Contratante en lo que se refiere a su reconocimiento o no reconocimiento de cualquiera de tales derechos, reclamación o fundamento de reclamación;

d) afectará a la disposición contenida en el párrafo 2 del artículo IV del Tratado Antártico, según la cual no se harán nuevas reclamaciones de soberanía territorial en la Antártida ni se ampliarán las reclamaciones anteriormente hechas valer mientras el Tratado Antártico esté en vigor.

ARTÍCULO V

1.   Las Partes Contratantes que no son Partes en el Tratado Antártico reconocen las obligaciones y responsabilidades especiales de las Partes Consultivas del Tratado Antártico en materia de protección y preservación del medio ambiente de la zona del Tratado Antártico.

2.   Las Partes Contratantes que no son Partes en el Tratado Antártico acuerdan que, en sus actividades en la zona del Tratado Antártico, observarán, cómo y cuándo sea procedente, las Medidas Acordadas para la Conservación de la Fauna y Flora Antárticas y las demás medidas que hayan sido recomendadas por las Partes Consultivas del Tratado Antártico, en cumplimiento de su responsabilidad en materia de protección del medio ambiente antártico de todas las formas de injerencia humana dañosa.

3.   Para los fines de la presente Convención, "Partes Consultivas del Tratado Antártico" significa las Partes Contratantes del Tratado Antártico cuyos representantes participen en las reuniones celebradas de conformidad con lo dispuesto en el artículo IX del Tratado Antártico.

ARTÍCULO VI

Nada en la presente Convención derogará los derechos y obligaciones de las Partes Contratantes en virtud de la Convención Internacional para la Caza de la Ballena y la Convención para la Conservación de Focas Antárticas.

ARTÍCULO VII

1.   Las Partes Contratantes establecen y acuerdan mantener por este medio la Comisión para la Conservación de los Recursos Vivos Marinos Antárticos (en adelante denominada "la Comisión").

2.   La composición de la Comisión será la siguiente:

   a)   cada una de las Partes Contratantes que haya participado en la Reunión en la cual se adoptó la presente Convención, será miembro de la Comisión;

   b)   cada uno de los Estados Partes que se haya adherido a la presente Convención de conformidad con lo dispuesto en el artículo XXIX tendrá derecho a ser miembro de la Comisión durante el período en que dicha Parte realice actividades de investigación o recolección relacionadas con los recursos vivos marinos a los que se aplica la presente Convención;

   c)   cada una de las organizaciones de integración económica regional que se haya adherido a la presente Convención de conformidad con lo dispuesto en el artículo XXIX tendrá derecho a ser miembro de la Comisión durante el período en que tengan derecho a ello sus Estados miembros;

d) una Parte Contratante que desee participar en los trabajos de la Comisión de conformidad con los apartados (b) y (c) *supra* notificará al Depositario los fundamentos por los que aspira a ser miembro de la Comisión y su voluntad de aceptar las medidas de conservación en vigor. El Depositario comunicará a cada miembro de la Comisión dicha notificación y la información adjunta. En el plazo de dos meses a partir del recibo de esa comunicación del Depositario, cualquier miembro de la Comisión podrá pedir que se celebre una reunión especial de la Comisión para examinar la cuestión. Una vez recibida esa petición, el Depositario convocará dicha reunión. Si no se pide una reunión, se considerará que la Parte Contratante que presente la notificación reúne las condiciones para ser miembro de la Comisión.

3. Cada miembro de la Comisión estará representado por un representante que podrá estar acompañado por representantes suplentes y asesores.

ARTÍCULO VIII

La Comisión tendrá personalidad jurídica y gozará en el territorio de cada uno de los Estados Partes de la capacidad jurídica que pueda ser necesaria para el desempeño de sus funciones y la realización de los objetivos de esta Convención. Los privilegios e inmunidades de la Comisión y de su personal en el territorio de un Estado Parte deberán fijarse mediante acuerdo entre la Comisión y el Estado Parte interesado.

ARTÍCULO IX

1. La función de la Comisión será llevar a efecto el objetivo y los principios establecidos en el artículo II de esta Convención. A este fin deberá:

a) facilitar investigaciones y estudios completos sobre los recursos vivos marinos antárticos y sobre el ecosistema marino antártico;

b) compilar datos sobre el estado y los cambios de población de los recursos vivos marinos antárticos y sobre los factores que afecten a la distribución, abundancia y productividad de las especies recolectadas y dependientes o de las especies o poblaciones afines;

c) asegurar la adquisición de datos estadísticos de captura y esfuerzos con respecto a las poblaciones recolectadas;

d) analizar, difundir y publicar la información mencionada en los apartados (b) y (c) *supra* y los informes del Comité Científico;

e) determinar las necesidades de conservación y analizar la eficacia de las medidas de conservación;

f) formular, adoptar y revisar medidas de conservación sobre la base de los datos científicos más exactos disponibles, con sujeción a las disposiciones del párrafo 5 del presente artículo;

g) aplicar el sistema de observación e inspección establecido en virtud del artículo XXIV de esta Convención;

h) realizar otras actividades que sean necesarias para alcanzar el objetivo de la presente Convención.

2. Las medidas de conservación mencionadas en el párrafo 1, (f) *supra* incluyen lo siguiente:

a) la cantidad de cualquier especie que pueda ser recolectada en la zona de aplicación de la Convención;

b) la designación de regiones y subregiones basada en la distribución de las poblaciones de los recursos vivos marinos antárticos;

c) la cantidad que pueda ser recolectada de las poblaciones de las regiones y subregiones;

d) la designación de especies protegidas;

e) el tamaño, edad y, cuando proceda, sexo de las especies que puedan ser recolectadas;

f) las temporadas de captura y de veda;

g) la apertura y cierre de zonas, regiones o subregiones con fines de estudio científico o conservación, con inclusión de zonas especiales para protección y estudio científico;

h) la reglamentación del esfuerzo empleado y métodos de recolección, incluidos los elementos de pesca, a fin de evitar, entre otras cosas, la concentración indebida de la recolección en cualquier zona o subregión;

i) los demás aspectos de conservación que la Comisión considere necesarios para el cumplimiento del objetivo de la presente Convención, incluidas medidas relacionadas con los efectos de la recolección y actividades conexas sobre los componentes del ecosistema marino distintos de las poblaciones recolectadas.

3. La Comisión publicará y llevará un registro de todas las medidas de conservación en vigor.

4. Al ejercer sus funciones en virtud del párrafo 1 del presente artículo, la Comisión tendrá plenamente en cuenta las recomendaciones y opiniones del Comité Científico.

5. La Comisión tendrá plenamente en cuenta toda disposición o medida pertinente establecida o recomendada por las reuniones consultivas en cumplimiento de lo dispuesto en el artículo IX del Tratado Antártico o por Comisiones de pesca existentes encargadas de especies que puedan penetrar en la zona a que la presente Convención se aplica, a fin de que no exista incompatibilidad entre los derechos y obligaciones de una Parte Contratante en virtud de tales disposiciones o medidas y las medidas de conservación que pueda adoptar la Comisión.

6. Los miembros de la Comisión aplicarán las medidas de conservación aprobadas por la Comisión de conformidad con lo dispuesto en la presente Convención de la manera siguiente:

a)   la Comisión notificará las medidas de conservación a todos los miembros de la Comisión;

b)   las medidas de conservación serán obligatorias para todos los miembros de la Comisión una vez transcurridos 180 días a partir de esa notificación, y con excepción de lo dispuesto en los apartados (c) y (d) *infra*;

c)   si en un plazo de 90 días a partir de la notificación especificada en el apartado (a) un miembro de la Comisión comunica a ésta que no puede aceptar, total o parcialmente, una medida de conservación, esa medida no será obligatoria, hasta el alcance establecido, para dicho miembro de la Comisión;

d)   en el caso de que cualquier miembro de la Comisión invoque el procedimiento establecido en el apartado (c) *supra*, la Comisión se reunirá a petición de cualquiera de sus miembros para examinar la medida de conservación. Durante esa reunión y en un plazo de 30 días después de ella, cualquier miembro de la Comisión tendrá derecho a declarar que ya no puede aceptar la medida de conservación, en cuyo caso dicho miembro dejará de estar obligado por tal medida.

ARTÍCULO X

1.   La Comisión señalará a la atención de cualquier Estado que no sea Parte en la presente Convención cualquier actividad emprendida por sus ciudadanos o buques que, a juicio de la Comisión, afecte al cumplimiento del objetivo de la presente Convención.

2.   La Comisión señalará a la atención de todas las Partes Contratantes cualquier actividad que, a juicio de la Comisión, afecte al cumplimiento por una Parte Contratante del objetivo de la presente Convención o a la observancia por dicha Parte Contratante de las obligaciones contraídas en virtud de la presente Convención.

ARTÍCULO XI

La Comisión procurará cooperar con las Partes Contratantes que ejerzan jurisdicción en zonas marinas adyacentes al área a que se aplica la presente Convención con respecto a la conservación de cualquier reserva o reservas de especies asociadas que existan tanto en dichas zonas como en el área a que se aplica la presente Convención, a fin de armonizar las medidas de conservación adoptadas con respecto a tales reservas.

ARTÍCULO XII

1.   Las decisiones de la Comisión sobre cuestiones de fondo se tomarán por consenso. El determinar si una cuestión es de fondo se considerará como cuestión de fondo.

2.   Las decisiones sobre cuestiones que no sean las mencionadas en el párrafo 1 *supra* se adoptarán por mayoría simple de los miembros de la Comisión presentes y votantes.

3.   Cuando la Comisión examine cualquier tema que requiera una decisión, se indicará claramente si en su adopción participará una organización de integración económica regional y, en caso afirmativo, si participará también alguno de sus Estados miembros. El número de Partes Contratantes que participen de ese modo no deberá exceder del número de Estados miembros que la organización de integración económica regional que sean miembros de la Comisión.

4.   Cuando se tomen decisiones de conformidad con el presente artículo, una organización de integración económica regional tendrá un solo voto.

ARTÍCULO XIII

1.   La sede de la Comisión estará establecida en Hobart, Tasmania, Australia.

2.   La Comisión se reunirá regularmente una vez al año. También podrá realizar otras reuniones a solicitud de un tercio de sus miembros o de otra manera prevista en esta Convención. La primera reunión de la Comisión deberá efectuarse dentro de los tres meses a partir de la entrada en vigor de la presente Convención, siempre que entre las Partes Contratantes se encuentren por lo menos dos Estados que realicen actividades de recolección dentro de la zona a que esta Convención se aplica. De cualquier manera, la primera reunión se realizará dentro de un año a partir de la entrada en vigencia de esta Convención. El Depositario consultará con los Estados Signatarios respecto de la primera reunión de la Comisión, teniendo en cuenta que es necesaria una amplia representación de los Signatarios para la efectiva operación de la Comisión.

3.   El Depositario convocará la primera reunión de la Comisión en la sede de la Comisión. Posteriormente, las reuniones de la Comisión se realizarán en su sede, a menos que decida lo contrario.

4.   La Comisión elegirá entre sus miembros un Presidente y un Vicepresidente por un mandato de dos años cada uno de ellos, que serán reelegibles por un mandato adicional. El primer Presidente, sin embargo, será elegido por un período inicial de tres años. El Presidente y el Vicepresidente no representarán a la misma Parte Contratante.

5.   La Comisión aprobará y enmendará cuando lo estime necesario el reglamento para el desarrollo de sus reuniones, excepto en lo relativo a las cuestiones a que se refiere el artículo XII de esta Convención.

6.   La Comisión podrá establecer los organismos auxiliares que sean necesarios para sus funciones.

ARTÍCULO XIV

1.   Las Partes Contratantes establecen por este medio el Comité Científico para la Conservación de los Recursos Vivos Marinos Antárticos (denominado en adelante el "Comité Científico"), que será un organismo consultivo de la Comisión. El Comité Científico normalmente se reunirá en la sede de la Comisión a menos que éste decida lo contrario.

2.   Cada uno de los miembros de la Comisión será miembro del Comité Científico y nombrará un representante, de capacidad científica adecuada, que podrá estar acompañado por otros expertos y asesores.

3.   El Comité Científico puede buscar el asesoramiento de otros científicos y expertos, cuando sea requerido, sobre una base *ad hoc*.

ARTÍCULO XV

1.   El Comité Científico servirá de foro para la consulta y cooperación en lo relativo a la compilación, estudio e intercambio de información con respecto a los recursos vivos marinos a que se aplica la presente Convención. Alentará y fomentará la cooperación en la esfera de la investigación científica con el fin de ampliar el conocimiento de los recursos vivos marinos del ecosistema marino antártico.

2.   El Comité Científico desarrollará las actividades que disponga la Comisión en cumplimiento del objetivo de la presente Convención, y deberá:

    a)   establecer los criterios y métodos que hayan de utilizarse en las decisiones relativas a las medidas de conservación mencionadas en el artículo IX de esta Convención;

    b)   evaluar regularmente el estado y las tendencias de las poblaciones de los recursos vivos marinos antárticos;

    c)   analizar los datos relativos a los efectos directos e indirectos de la recolección en las poblaciones de los recursos vivos marinos antárticos;

    d)   evaluar los efectos de los cambios propuestos en los métodos y niveles de recolección y de las medidas de conservación propuestas;

    e)   transmitir a la Comisión evaluaciones, análisis, informes y recomendaciones, que le hayan sido solicitados o por iniciativa propia, sobre las medidas e investigaciones para cumplir el objetivo de la presente Convención;

    f)   formular propuestas para la realización de programas internacionales y nacionales de investigación de los recursos vivos marinos antárticos.

3.   En el desempeño de sus funciones, el Comité Científico tendrá en cuenta la labor de otras organizaciones técnicas y científicas competentes y las actividades científicas realizadas en el marco del Tratado Antártico.

ARTÍCULO XVI

1.   La primera reunión del Comité Científico se celebrará dentro de los tres meses siguientes a la primera reunión de la Comisión. El Comité Científico se reunirá posteriormente con la frecuencia que sea necesaria para el ejercicio de sus funciones.

2.   El Comité Científico adoptará y enmendará, cuando lo estime necesario, su reglamento. El reglamento y cualquier enmienda a éste serán aprobados por la Comisión. El reglamento incluirá procedimientos para la presentación de informes de minorías.

3.   El Comité Científico podrá establecer, con aprobación de la Comisión, los órganos auxiliares necesarios para el cumplimiento de sus funciones.

ARTÍCULO XVII

1.   La Comisión designará un Secretario Ejecutivo que estará al servicio de la Comisión y del Comité Científico, de conformidad con los procedimientos, términos y condiciones que determine la Comisión. Su mandato será de cuatro años, pudiendo ser designado de nuevo.

2.   La Comisión autorizará la estructura de personal de la Secretaría que sea necesaria y el Secretario Ejecutivo nombrará, dirigirá y supervisará a ese personal, de conformidad con las normas, procedimientos, términos y condiciones que determine la Comisión.

3.   El Secretario Ejecutivo y la Secretaría realizarán las funciones que les confíe la Comisión.

ARTÍCULO XVIII

Los idiomas oficiales de la Comisión y del Comité Científico serán inglés, francés, ruso y español.

ARTÍCULO XIX

1.   En cada una de sus reuniones anuales, la Comisión adoptará su presupuesto y el presupuesto del Comité Científico por consenso.

2.   El Secretario Ejecutivo preparará un proyecto de presupuesto para la Comisión y el Comité Científico y cualesquiera órganos auxiliares, que presentará a las Partes Contratantes por lo menos sesenta días antes de la reunión anual de la Comisión.

3.   Cada miembro de la Comisión contribuirá al presupuesto. Hasta que transcurran 5 años a partir de la entrada en vigencia de la presente Convención, las contribuciones de todos los miembros de la Comisión serán iguales. De allí en adelante, la contribución se determinará de acuerdo con dos criterios: la cantidad recolectada y

una participación igualitaria de todos los miembros de la Comisión. La Comisión determinará por consenso la proporción en que se aplicarán estos dos criterios.

4. Las actividades financieras de la Comisión y del Comité Científico se efectuarán de conformidad con el reglamento financiero aprobado por la Comisión y estarán sometidas a una verificación anual por auditores externos seleccionados por la Comisión.

5. Cada miembro de la Comisión sufragará sus propios gastos originados por su participación en las reuniones de la Comisión y del Comité Científico.

6. Un miembro de la Comisión que no pague su contribución durante dos años consecutivos no tendrá derecho a participar, durante el período de su incumplimiento, en la adopción de decisiones en la Comisión.

ARTÍCULO XX

1. Los miembros de la Comisión proporcionarán anualmente a la Comisión y al Comité Científico, en la mayor medida posible, los datos estadísticos, biológicos u otros datos e información que la Comisión y el Comité Científico puedan requerir en el ejercicio de sus funciones.

2. Los miembros de la Comisión proporcionarán, en la forma y con los intervalos que se prescriban, información sobre las actividades de recolección, incluidas las áreas de pesca y buques, a fin de que puedan recopilarse estadísticas fiables de captura y esfuerzo.

3. Los miembros de la Comisión le facilitarán, con los intervalos que se establezcan, información sobre las disposiciones adoptadas para aplicar las medidas de conservación aprobadas por la Comisión.

4. Los miembros de la Comisión acuerdan que, en cualquiera de sus actividades de recolección, se aprovecharán las oportunidades para reunir los datos necesarios a fin de evaluar las repercusiones de la recolección.

ARTÍCULO XXI

1. Cada una de las Partes Contratantes adoptará las medidas adecuadas, dentro de su competencia, para asegurar el cumplimiento de las disposiciones de la presente Convención y de las medidas de conservación adoptadas por la Comisión que sean obligatorias para la Parte de conformidad con el artículo IX de esta Convención.

2. Cada una de las Partes Contratantes transmitirá a la Comisión información sobre las medidas adoptadas de conformidad con lo dispuesto en el párrafo 1 *supra*, incluyendo la imposición de sanciones por cualquier violación de esta Convención.

ARTÍCULO XXII

1.   Cada una de las Partes Contratantes se compromete a hacer los esfuerzos apropiados, compatibles con la Carta de las Naciones Unidas, con el fin de que nadie se dedique a ninguna actividad contraria al objetivo de la presente Convención.

2.   Cada una de las Partes Contratantes notificará a la Comisión cualquier actividad contraria a dicho objetivo que llegue a su conocimiento.

ARTÍCULO XXIII

1.   La Comisión y el Comité Científico cooperarán con las Partes Consultivas del Tratado Antártico en cuestiones que sean de la competencia de estas últimas.

2.   La Comisión y el Comité Científico cooperarán, cuando proceda, con la Organización de las Naciones Unidas para la Agricultura y la Alimentación (FAO) y con otros organismos especializados.

3.   La Comisión y el Comité Científico procurarán establecer relaciones de trabajo cooperativas, cuando proceda, con organizaciones intergubernamentales y no gubernamentales que puedan contribuir a su labor, incluidos el Comité Científico de Investigaciones Antárticas, el Comité Científico de Investigaciones Oceanográficas y la Comisión Ballenera Internacional.

4.   La Comisión podrá concertar acuerdos con las organizaciones mencionadas en el presente artículo y con otras organizaciones, según proceda. La Comisión y el Comité Científico podrán invitar a dichas organizaciones a que envíen observadores a sus reuniones y a las reuniones de sus órganos auxiliares.

ARTÍCULO XXIV

1.   Con el fin de promover el objetivo y asegurar el cumplimiento de las disposiciones de la presente Convención, las Partes Contratantes acuerdan que se establecerá un sistema de observación e inspección.

2.   El sistema de observación e inspección será elaborado por la Comisión sobre la base de los siguientes principios:

   a)   Las Partes Contratantes cooperarán entre sí para asegurar la aplicación efectiva del sistema de observación e inspección, teniendo en cuenta las prácticas internacionales existentes. Dicho sistema incluirá, *inter alia*, procedimientos para el abordaje e inspección por observadores e inspectores designados por los miembros de la Comisión, y procedimientos para el enjuiciamiento y sanciones por el Estado del pabellón sobre la base de la evidencia resultante de tales abordajes e inspecciones. Un informe sobre dichos procesos y las sanciones impuestas será incluido en la información aludida en el artículo XXI de esta Convención;

   b)   A fin de verificar el cumplimiento de las medidas adoptadas en virtud de la presente Convención, la observación e inspección se llevarán a cabo, a bordo de buques dedicados a la investigación científica o a la recolección de recursos vivos marinos en la zona a que se aplica la presente Convención, por observadores e inspectores designados por los miembros de la Comisión, los cuales actuarán conforme a los términos y condiciones que establecerá la Comisión;

c)   Los observadores e inspectores designados permanecerán sujetos a la jurisdicción de la Parte Contratante de la que sean nacionales. Ellos informarán a los miembros de la Comisión que los hubieren designado, los que a su vez informarán a la Comisión.

3.   En espera del establecimiento del sistema de observación e inspección, los miembros de la Comisión procurarán concertar arreglos interinos para designar observadores e inspectores, y dichos observadores e inspectores designados estarán facultados para efectuar inspecciones de acuerdo con los principios detallados en el párrafo 2 del presente artículo.

ARTÍCULO XXV

1.   Si surgiera alguna controversia entre dos o más de las Partes Contratantes en relación con la interpretación o aplicación de la presente Convención, esas Partes Contratantes consultarán mutuamente con miras a resolver la controversia mediante negociación, investigación, mediación, conciliación, arbitraje, resolución judicial u otros medios pacíficos de su propia elección.

2.   Toda controversia de este carácter no resuelta por tales medios se someterá para su decisión a la Corte Internacional de Justicia o se someterá a arbitraje, con el consentimiento en cada caso de todas las Partes en la controversia; sin embargo, el no llegar a un acuerdo sobre el sometimiento a la Corte Internacional o a arbitraje no eximirá a las Partes en la controversia de la responsabilidad de seguir procurando resolverla por cualquiera de los diversos medios pacíficos mencionados en el párrafo 1 del presente artículo.

3.   En los casos en que la controversia sea sometida a arbitraje, el tribunal de arbitraje se constituirá en la forma prevista en el Anexo a la presente Convención.

ARTÍCULO XXVI

1.   La presente Convención estará abierta a la firma en Canberra desde el 1º de agosto al 31 de diciembre de 1980 por los Estados participantes en la Conferencia sobre la Conservación de los Recursos Vivos Marinos Antárticos, realizada en Canberra del 7 al 20 de mayo de 1980.

2.   Los Estados que así la suscriban serán los Estados signatarios originales de la Convención.

ARTÍCULO XXVII

1.   La presente Convención está sujeta a ratificación, aceptación o aprobación por los Estados signatarios.

2.   Los instrumentos de ratificación, aceptación o aprobación se depositarán ante el Gobierno de Australia, designado por la presente como Depositario.

ARTÍCULO XXVIII

1.   La presente Convención entrará en vigor el trigésimo día después de la fecha de depósito del octavo instrumento de ratificación, aceptación o aprobación por los Estados mencionados en el párrafo 1 del artículo XXVI de esta Convención.

2.   Con respecto a cada Estado u organización de integración económica regional que, posteriormente a la fecha de entrada en vigencia de esta Convención, deposite un instrumento de ratificación, aceptación, aprobación o adhesión, la Convención entrará en vigencia el trigésimo día después de dicho depósito.

ARTÍCULO XXIX

1.   La presente Convención estará abierta a la adhesión de cualquier Estado interesado en actividades de investigación o recolección relacionadas con los recursos vivos marinos a las cuales se aplica la presente Convención.

2.   La presente Convención estará abierta a la adhesión de organizaciones de integración económica regional, constituidas por Estados soberanos, que incluyan entre sus miembros a uno o más Estados miembros de la Comisión y a las cuales los Estados miembros de la organización hayan transferido, en todo o en parte, competencias en materias de que se ocupa la presente Convención. La adhesión de esas organizaciones de integración económica regional será objeto de consultas entre los miembros de la Comisión.

ARTÍCULO XXX

1.   La presente Convención podrá ser enmendada en cualquier momento.

2.   Si un tercio de los miembros de la Comisión solicita una reunión para examinar una enmienda propuesta, el Depositario deberá convocar dicha reunión.

3.   Una enmienda entrará en vigencia cuando el Depositario haya recibido los instrumentos de ratificación, aceptación o aprobación de dicha enmienda de todos los miembros de la Comisión.

4.   Subsiguientemente tal enmienda entrará en vigencia con respecto a cualquier otra Parte Contratante cuando el Depositario haya recibido comunicación de su ratificación, aceptación o aprobación de esa Parte. Si no se recibe ninguna notificación de una de dichas Partes Contratantes en el período de un año a partir de la fecha de

entrada en vigencia de la enmienda de conformidad con el párrafo 3 del presente artículo, se considerará que esa Parte se ha retirado de la presente Convención.

ARTÍCULO XXXI

1.   Cualquier Parte Contratante podrá retirarse de la presente Convención el 30 de junio de cualquier año, notificando de ello por escrito, a más tardar el 1º de enero del mismo año, al Depositario, quien al recibo de esa notificación la comunicará de inmediato a las demás Partes Contratantes.

2.   Cualquier otra Parte Contratante podrá dar aviso de retiro por escrito, dentro de los sesenta días a partir de la fecha de recibo de la notificación del Depositario, a que se refiere el párrafo 1 *supra*, en cuyo caso la Convención dejará de estar en vigencia el 30 de junio del mismo año con respecto a la Parte Contratante que haga dicha notificación.

3.   El retiro de cualquier miembro de esta Convención no afectará sus obligaciones financieras originadas por la misma.

ARTÍCULO XXXII

El Depositario notificará a todas las Partes Contratantes lo siguiente:

   a)   firmas de la presente Convención y depósito de instrumentos de ratificación, aceptación, aprobación o adhesión;

   b)   fecha de entrada en vigor de la presente Convención o de cualquier enmienda a ella.

ARTÍCULO XXXIII

1.   La presente Convención, cuyos textos en inglés, francés, ruso y español son igualmente auténticos, será depositada ante el Gobierno de Australia, el cual enviará copias debidamente certificadas de ella a todas las Partes signatarias y adherentes.

2.   Esta Convención será registrada por el Depositario conforme al artículo 102 de la Carta de las Naciones Unidas.

Hecha en Canberra el vigésimo día del mes de mayo de 1980.

ANEXO RELATIVO AL TRIBUNAL DE ARBITRAJE

1.   El tribunal de arbitraje mencionado en el párrafo 3 del artículo XXV estará compuesto por tres árbitros, que se nombrarán de la forma siguiente:

a)   La Parte que inicie el procedimiento comunicará el nombre de un árbitro a la otra Parte, la cual, a su vez, comunicará el nombre del segundo árbitro en un plazo de cuarenta días a partir de tal notificación. Dentro de un plazo de sesenta días a partir del nombramiento del segundo árbitro, las Partes nombrarán el tercer árbitro, que no será ciudadano de ninguna de las Partes ni de la misma nacionalidad que cualquiera de los dos primeros árbitros. El tercer árbitro presidirá el tribunal;

b)   Si dentro del plazo establecido no se ha nombrado el segundo árbitro, o si las Partes no han llegado a un acuerdo dentro del plazo establecido sobre el nombramiento del tercer árbitro, dicho árbitro será nombrado, a solicitud de cualquiera de las Partes, por el Secretario General del Tribunal Permanente de Arbitraje entre personalidades de reputación internacional que no tengan la nacionalidad de un Estado Parte en la presente Convención.

2.   El tribunal de arbitraje decidirá dónde estará situada su sede y aprobará su propio reglamento.

3.   El fallo del tribunal de arbitraje se dictará por mayoría de sus miembros, que no podrán abstenerse de votar.

4.   Toda Parte Contratante que no sea Parte en la controversia podrá intervenir en el proceso, con consentimiento del tribunal de arbitraje.

5.   El fallo del tribunal de arbitraje será definitivo y obligatorio para todas las Partes en la controversia y para cualquier Parte que intervenga en el procedimiento, y se cumplirá sin demora. El tribunal de arbitraje interpretará el fallo a solicitud de una de las Partes en la controversia o de cualquier Parte que haya intervenido.

6.   A menos que el tribunal de arbitraje determine otra cosa en razón de las circunstancias particulares del caso, las Partes en la controversia sufragarán por partes iguales los gastos del tribunal, incluida la remuneración de sus miembros.

CONVENCIÓN PARA LA CONSERVACIÓN DE FOCAS ANTÁRTICAS (CCFA)

CONVENCIÓN PARA LA CONSERVACIÓN DE FOCAS ANTÁRTICAS

Las Partes Contratantes,

Recordando las Medidas Acordadas para la Conservación de la Fauna y Flora Antárticas, adoptadas en el Tratado Antártico firmado en Washington el 1° de diciembre de 1959;

Reconociendo la preocupación general acerca de la vulnerabilidad de las focas antárticas a la explotación comercial y la consiguiente necesidad de medidas de conservación efectivas;

Reconociendo que las poblaciones de focas antárticas constituyen un importante recurso vivo del medio marino que exige un acuerdo internacional para su conservación efectiva;

Reconociendo que este recurso no deberá ser agotado por una explotación excesiva, y en consecuencia que toda caza debería ser regulada para no exceder los niveles de óptimo rendimiento sostenible;

Reconociendo que a fin de mejorar los conocimientos científicos y establecer así la explotación sobre una base racional, será necesario hacer los mayores esfuerzos tanto para alentar las investigaciones biológicas y de otra índole sobre las poblaciones de focas antárticas como para obtener información de dichas investigaciones y de las estadísticas de futuras operaciones de caza de focas, de manera que puedan formularse normas adicionales adecuadas;

Notando que el Comité Científico para Investigación Antártica del Consejo Internacional de Uniones Científicas (SCAR) está dispuesto a llevar a cabo las tareas que del mismo se requieren en esta Convención;

Deseando promover y lograr los objetivos de protección, estudio científico y utilización racional de las focas antárticas y mantener un equilibrio satisfactorio en el sistema ecológico;

Han convenido lo siguiente:

ARTÍCULO 1

ALCANCE

1.   Esta Convención se aplica al mar al sur de los 60° de Latitud Sur, respecto del cual las Partes Contratantes afirman las disposiciones del artículo IV del Tratado Antártico.

2.   Esta Convención puede ser aplicada a cualquiera o a todas las especies siguientes:

Elefante marino *Mirounga leonina,*

Leopardo marino *Hydrurga leptonyx,*

Foca de Weddell *Leptonychotes weddellii,*

Foca cangrejera *Lobodon carcinophagus,*

Foca de Ross *Ommatophoca rossii,*

Lobo de dos pelos *Arctocephalus sp.*

3.   El Apéndice a esta Convención forma parte integrante de la misma.

ARTÍCULO 2

EJECUCIÓN

1.   Las Partes Contratantes convienen que las especies de focas enumeradas en el artículo 1 no serán sacrificadas o capturadas dentro del área de la Convención por sus nacionales o buques bajo sus respectivas banderas excepto de conformidad con las disposiciones de esta Convención.

2.   Cada Parte Contratante adoptará para sus nacionales y los buques bajo su bandera las leyes, reglamentos y otras medidas, incluso un sistema de permisos según sea apropiado, que puedan ser necesarios para la ejecución de esta Convención.

ARTÍCULO 3

MEDIDAS ANEXAS

1.   Esta Convención incluye un Apéndice que especifica las medidas que las Partes Contratantes adoptan. Las Partes Contratantes podrán de vez en cuando en el futuro adoptar otras medidas respecto a la conservación, estudio científico y utilización racional y humanitaria de los recursos foqueros prescribiendo entre otras:

a)   captura permitida;

b)   especies protegidas y no protegidas;

c)   temporadas de caza y de veda;

d)   áreas de caza y vedadas, incluso la designación de reservas;

e)   designación de áreas especiales donde las focas no serán molestadas;

f)   límites relativos a sexo, tamaño, o edad para cada una de las especies;

g)   restricciones relativas a hora del día y duración, limitaciones de esfuerzo y métodos de caza de focas;

h)   tipos y especificaciones de aparejos, instrumentos y herramientas que pueden ser utilizados;

i)   resultados de la captura y otros datos estadísticos y biológicos;

j)   procedimientos para facilitar la revisión y la evaluación de la información científica;

k)   otras medidas regulatorias incluso un sistema efectivo de inspección.

2.   Las medidas adoptadas según el párrafo 1) de este Artículo se basarán en el mejor conocimiento científico y técnico disponible.

3.   El Apéndice podrá enmendarse de vez en cuando de acuerdo con los procedimientos previstos en el artículo 9.

ARTÍCULO 4
PERMISOS ESPECIALES

1.   No obstante las disposiciones de esta Convención, cualquiera de las Partes Contratantes podrá expedir permisos para sacrificar o capturar focas en cantidades limitadas y de conformidad con los objetivos y principios de esta Convención para los fines siguientes:

a)   proveer de alimento indispensable a hombres o perros;

b)   para la investigación científica; o

c)   proveer ejemplares a los museos, instituciones educativas o culturales.

2.   Cada una de las Partes Contratantes informará lo antes posible a las demás Partes Contratantes y al SCAR del propósito y contenido de todos los permisos expedidos conforme al párrafo (1) de este artículo y subsiguientemente del número de focas sacrificadas o capturadas conforme a estos permisos.

ARTÍCULO 5
INTERCAMBIO DE INFORMACIÓN Y ASESORAMIENTO CIENTÍFICO

1.   Cada una de las Partes Contratantes proveerá a las demás Partes Contratantes y al SCAR la información especificada en el Apéndice dentro del período indicado en el mismo.

2.   Cada Parte Contratante proveerá también a las demás Partes Contratantes y al SCAR antes del 31 de octubre de cada año información sobre cualquier medida que

haya tomado de conformidad con el artículo 2 de esta Convención durante el período 1° de julio al 30 de junio precedente.

3. Las Partes Contratantes que no tengan información que comunicar conforme a los dos párrafos precedentes lo indicarán expresamente antes del 31 de octubre de cada año.

4. Se invita al SCAR:

a) a evaluar la información recibida en virtud de este artículo; a alentar el intercambio de datos científicos e información entre las Partes Contratantes; a recomendar programas de investigación científica; a recomendar la recolección de datos científicos y biológicos por las expediciones de caza de focas dentro del área de la Convención; y a sugerir enmiendas al Apéndice; y

b) a informar sobre la base de las evidencias estadísticas y biológicas y de otra índole disponibles cuando la caza de cualquier especie de focas en el área de la Convención esté produciendo un importante efecto perjudicial sobre el total de existencias de tal especie o sobre el sistema ecológico en cualquier localidad determinada.

5. Se invita al SCAR a notificar al Depositario, el cual informará a las Partes Contratantes, cuando el SCAR estime en cualquier temporada de caza de focas que es probable que los límites de captura permitida para cualquier especie sean rebasados y en ese caso a proporcionar una estimación de la fecha en que se alcanzarán los límites de captura permitida. Cada Parte Contratante tomará entonces las medidas apropiadas para evitar que sus nacionales y buques bajo su bandera sacrifiquen o capturen focas de esas especies después de la fecha estimada, hasta que las Partes Contratantes decidan lo contrario.

6. El SCAR, si es necesario, podrá recabar la asistencia técnica de la Organización de las Naciones Unidas para la Alimentación y la Agricultura al hacer sus evaluaciones.

7. No obstante las disposiciones del párrafo (1) del artículo 1, las Partes Contratantes, de conformidad con su derecho interno informarán a cada una de las demás y al SCAR para su consideración estadísticas relativas a las focas antárticas que figuran en la lista del párrafo 2 del artículo 1 que hayan sido sacrificadas o capturadas por sus nacionales y buques bajo sus respectivas banderas en el área del hielo flotante en el mar al norte de los 60° de Latitud Sur.

ARTÍCULO 6

CONSULTAS ENTRE LAS PARTES CONTRATANTES

1. En cualquier momento después que la captura comercial de focas haya comenzado, una de las Partes Contratantes podrá proponer por intermedio del Depositario que se convoque una reunión de las Partes Contratantes con vistas a:

a) establecer mediante una mayoría de dos tercios de las Partes Contratantes, incluidos los votos afirmativos de todos los Estados signatarios de esta Convención presentes en la reunión, un sistema efectivo de control, incluso inspección, sobre la puesta en práctica de las disposiciones de esta Convención;

b) establecer una comisión para realizar las funciones que las Partes Contratantes estimen necesario de conformidad con esta Convención; o

c) considerar otras propuestas, incluso

   i) la obtención de asesoramiento científico independiente;

   ii) el establecimiento, por una mayoría de dos tercios, de un comité científico consultivo al que podrán asignarse todas o algunas de las funciones que se requieren del SCAR conforme a esta Convención, si la caza comercial de focas alcanza proporciones significativas;

   iii) la realización de programas científicos con la participación de las Partes Contratantes; y

   iv) el establecimiento de medidas regulatorias adicionales, incluso moratoria.

2. Si un tercio de las Partes Contratantes indican su conformidad, el Depositario convocará dicha reunión a la mayor brevedad posible.

3. Se celebrará una reunión a solicitud de cualquier Parte Contratante, si el SCAR informa de que la caza de cualquier especie de focas antárticas en el área en la que se aplica esta Convención está produciendo un efecto significativamente perjudicial sobre el total de poblaciones o el sistema ecológico en cualquier localidad determinada.

ARTÍCULO 7
REVISIÓN DEL FUNCIONAMIENTO

Las Partes Contratantes se reunirán dentro de los cinco años de la entrada en vigor de esta Convención y posteriormente por lo menos cada cinco años a fin de revisar el funcionamiento de la Convención.

ARTÍCULO 8
ENMIENDAS A LA CONVENCIÓN

1. Esta Convención podrá ser enmendada en cualquier momento. El texto de cualquier enmienda propuesta por una Parte Contratante será sometido al Depositario, el cual lo transmitirá a todas las Partes Contratantes.

2. Si un tercio de las Partes Contratantes solicita una reunión para discutir la enmienda propuesta el Depositario convocará dicha reunión.

3.   Una enmienda entrará en vigor cuando el Depositario haya recibido los instrumentos de ratificación o aceptación de la misma de todas las Partes Contratantes.

ARTÍCULO 9

ENMIENDAS AL APÉNDICE

1.   Cualquier Parte Contratante podrá proponer enmiendas al Apéndice de esta Convención. El texto de cualquier enmienda propuesta será sometido al Depositario, el cual lo transmitirá a todas las Partes Contratantes.

2.   Cada una de las enmiendas propuestas entrará en vigencia para todas las Partes Contratantes seis meses después de la fecha que figure en la notificación del Depositario a las Partes Contratantes, si dentro de 120 días de la fecha de la notificación no se hubiera recibido objeción y dos tercios de las Partes Contratantes hubieran notificado su aprobación por escrito al Depositario.

3.   Si se recibiera una objeción de cualquier Parte Contratante dentro de 120 días de la fecha de notificación, la cuestión será considerada por las Partes Contratantes en su próxima reunión. Si en la reunión no hubiera unanimidad sobre la cuestión, las Partes Contratantes notificarán al Depositario dentro de 120 días a contar de la fecha de clausura de la reunión, de su aprobación o rechazo de la enmienda primitiva o de cualquier nueva enmienda propuesta por la reunión. Si al final de este período, dos tercios de las Partes Contratantes hubieran aprobado dicha enmienda, ésta entrará en vigencia a los seis meses a partir de la fecha de clausura de la reunión para aquellas Partes Contratantes que para entonces hubieran notificado su aprobación.

4.   Cualquier Parte Contratante que hubiera objetado una enmienda propuesta podrá en cualquier momento retirar esa objeción, y la enmienda propuesta entrará en vigencia inmediatamente respecto a dicha Parte si la enmienda ya estuviera en vigor, o en el momento en que entre en vigencia conforme a los términos de este artículo.

5.   El Depositario notificará inmediatamente de recibida a cada una de las Partes Contratantes cada aprobación u objeción, cada retiro de objeción y la entrada en vigor de cualquier enmienda.

6.   Cualquier Estado que llegue a ser Parte de esta Convención después que haya entrado en vigor una enmienda al Apéndice estará obligado por las disposiciones del Apéndice según haya sido enmendado. Cualquier Estado que llegue a ser Parte de esta Convención durante el período en que esté pendiente una enmienda propuesta podrá aprobar u objetar dicha enmienda dentro de los límites de tiempo aplicables a las demás Partes Contratantes.

ARTÍCULO 10
FIRMA

Esta Convención estará abierta a la firma en Londres del 1° de junio al 31 de diciembre de 1972 por los Estados participantes en la Conferencia sobre la Conservación de Focas Antárticas celebrada en Londres del 3 al 11 de febrero de 1972.

ARTÍCULO 11
RATIFICACIÓN

Esta Convención está sujeta a ratificación o aceptación. Los instrumentos de ratificación o aceptación serán depositados ante el Gobierno del Reino Unido de Gran Bretaña e Irlanda del Norte, que se designa aquí como Depositario.

ARTÍCULO 12
ADHESIÓN

Esta Convención estará abierta a la adhesión de cualquier Estado que sea invitado a adherir a esta Convención con el consentimiento de todas las Partes Contratantes.

ARTÍCULO 13
ENTRADA EN VIGOR

1.   Esta Convención entrará en vigor treinta días después de la fecha de depósito del séptimo instrumento de ratificación, o aceptación.

2.   En lo sucesivo esta Convención entrará en vigor para cada uno de los Estados que la ratifique, acepte o adhiera treinta días después de efectuado el depósito del instrumento de ratificación, aceptación o adhesión por dicho Estado.

ARTÍCULO 14
RETIRO

Cualquier Parte Contratante podrá retirarse de esta Convención el 30 de junio de cualquier año notificando de ello el 1° de enero del mismo año o antes de dicha fecha al Depositario, el cual al recibo de esa notificación lo comunicará en seguida a las demás Partes Contratantes. Cualquier otra Parte Contratante podrá, análogamente, dentro de un mes de la fecha de recibo de un ejemplar de dicha notificación del Depositario, dar aviso de retiro, de modo que la Convención dejará de estar en vigor el 30 de junio del mismo año respecto a la Parte Contratante que haga dicha notificación.

ARTÍCULO 15

Notificaciones por el Depositario

El Depositario notificará a todos los Estados signatarios o que adhieran lo siguiente:

a) firmas de esta Convención, depósito de instrumentos de ratificación, aceptación o adhesión y notificaciones de retiro;

b) fecha de entrada en vigor de esta Convención o de cualquier enmienda a la misma o a su Apéndice.

ARTÍCULO 16

Copias certificadas y registro

1. Esta Convención, redactada en inglés, francés, ruso y español, siendo cada versión igualmente auténtica, será depositada en los archivos del Gobierno del Reino Unido de Gran Bretaña e Irlanda del Norte, el cual enviará copias debidamente certificadas a todos los Estados signatarios y adherentes.

2. Esta Convención será registrada por el Depositario de conformidad con el artículo 102 de la Carta de las Naciones Unidas.

En testimonio de lo cual, los que suscriben, debidamente autorizados, han firmado esta Convención.

Hecha en Londres, en el día de hoy 1° de junio de 1972.

APÉNDICE[1]

1.   *Captura permitida*

Las Partes Contratantes restringirán en cualquier período de un año, a contar del 1°
de Marzo al último día de febrero inclusive, el número total de focas de cada especie
sacrificadas o capturadas a las cifras especificadas más abajo. Estas cifras están
sujetas a revisión a la luz de las evaluaciones científicas.

a)   en el caso de focas cangrejeras *Lobodon carcinophagus*, 175.000

b)   en el caso de leopardos marinos *Hydrurga leptonyx*, 12.000

c)   en el caso de focas de Weddell *Leptonychotes weddellii*, 5.000

2.   *Especies protegidas*

a)   Se prohíbe sacrificar o capturar focas de Ross *Ommatophoca rossii*,
elefantes marinos *Mirounga leonina*, o lobos de dos pelos del genero
Arctocephalus.

b)   A fin de proteger los animales de cría adultos durante el período en que
están más concentrados y son más vulnerables, se prohíbe sacrificar o
capturar cualquier foca de Weddell *Leptonychotes weddellii* entre el 1° de
septiembre y el 31 de enero inclusive.

3.   *Temporadas de veda y de caza de focas*

El período comprendido entre el 1° de marzo y el 31 de agosto inclusive es temporada de
veda, durante la cual se prohíbe la captura o el sacrificio de focas. El período del 1° de
septiembre al último día de febrero constituye temporada de caza de focas.

4.   *Zonas de captura de la foca*

Cada una de las zonas de caza de focas que se enumeran en este párrafo será vedada en
secuencia numérica a todas las operaciones de caza de focas para las especies de focas
enumeradas en el párrafo 1 de este Apéndice para el período del 1° de septiembre al
último día de febrero inclusive. Dichas vedas empezarán con la misma zona que esté
vedada según el párrafo 2 del Anexo B al Anexo 1 del Informe de la Quinta Reunión

---

[1] Texto como fuera modificado en la Reunión de Revisión de la CCFA (Londres 12-16 Septiembre 1988).
Las enmiendas se hicieron efectivas a partir del 27 de marzo de 1990.

Consultiva del Tratado Antártico en el momento en que la Convención entre en vigor. A la terminación de cada período de veda, la zona afectada volverá a quedar abierta.

Zona 1 - entre 60° y 120° Longitud Oeste.

Zona 2 - entre 0° y 60° Longitud Oeste, junto con aquella parte del Mar de Weddell situada al oeste de los 60° Longitud Oeste.

Zona 3 - entre 0° y 70° Longitud Este.

Zona 4 - entre 70° y 130° Longitud Este.

Zona 5 - entre 130° Longitud Este y 170° Longitud Oeste.

Zona 6 - entre 120° y 170° Longitud Oeste.

5. *RESERVAS DE FOCAS*

Se prohíbe sacrificar o capturar focas en las siguientes reservas, que son áreas de cría de focas o lugares de investigación científica a largo plazo:

a) El área que rodea las Islas Orcadas del Sur entre 60° 20' y 60° 56' Latitud Sur y 44° 05' y 46° 25' Longitud Oeste.

b) El área del sudoeste del Mar de Ross, al sur de 76° Latitud Sur y al oeste de 170° Longitud Este.

c) El área de la identación de Edisto, al sur y oeste de una línea trazada entre el Cabo Hallett, a 72° 19' Latitud Sur; 170° 18' Longitud Este, y Punta Helm, a 72° 11' Latitud Sur, 170° 00' Longitud Este.

6. *INTERCAMBIO DE INFORMACIÓN*

a) Las Partes Contratantes suministrarán antes del 30 de junio de cada año a las demás Partes Contratantes y al SCAR un resumen de información estadística sobre todas las focas sacrificadas o capturadas por sus nacionales y buques bajo sus respectivas banderas en la zona de la Convención, respecto al período precedente del 1° de marzo al último día de febrero.

Esta información incluirá por zonas y por meses:

i) El tonelaje bruto y neto, la potencia en caballos de fuerza, el número de tripulantes, y el número de días de actividad de los buques bajo bandera de la Parte Contratante;

ii) El número de individuos adultos y cachorros de cada especie capturados.

Cuando se solicite especialmente se facilitará esta información respecto a cada buque, junto con su situación diaria a mediodía de cada día de actividad y la captura en ese día.

b) Cuando la explotación industrial haya empezado, se informará al SCAR del número de focas de cada especie sacrificadas o capturadas en cada zona en la forma y períodos (no inferiores a una semana) solicitados por ese organismo.

c) Las Partes Contratantes proveerán al SCAR información biológica concerniente en particular a:

i) Sexo

ii) Estado reproductivo

iii) Edad

El SCAR podrá pedir información adicional o material con la aprobación de las Partes Contratantes.

d) Las Partes Contratantes proporcionarán a las demás Partes Contratantes y al SCAR por lo menos con 30 días de antelación a la salida de sus puertos nacionales, información sobre las expediciones de caza de focas proyectadas.

7. *MÉTODOS DE CAPTURA*

a) Se invita al SCAR a informar sobre métodos de caza de focas y a hacer recomendaciones con vistas a asegurar que el sacrificio o captura de las focas sea rápido, indoloro y eficiente. Las Partes Contratantes, según sea pertinente, adoptarán normas para sus nacionales y buques bajo sus banderas respectivas dedicados al sacrificio o captura de focas, considerando debidamente los puntos de vista del SCAR.

b) A la luz de la información científica y técnica disponible las Partes Contratantes convienen en tomar las medidas apropiadas para asegurarse que sus nacionales y buques bajo sus banderas respectivas se abstengan de sacrificar o capturar focas en el agua, salvo en cantidades limitadas para investigación científica de conformidad con los objetivos y principios de esta Convención. Dicha investigación incluirá estudios sobre la efectividad de los métodos de caza de focas desde el punto de vista de la regulación y de la utilización humana y racional de los recursos en focas antárticas para fines de conservación. El cometido y los resultados de cualquiera de dichos programas de investigación científica serán comunicados al SCAR y al Depositario el cual lo transmitirá a las Partes Contratantes.

8. *COOPERACIÓN*

Las Partes Contratantes en esta Convención cooperarán e intercambiarán información, según corresponda, con las Partes Contratantes en los otros instrumentos internacionales del Sistema del Tratado Antártico y con sus respectivas instituciones

PERMISOS ESPECIALES
PARA MATAR O CAPTURAR FOCAS

A. Cuando se considere el otorgamiento de un permiso especial, cada Parte Contratante debería:

a) asegurarse de que el número de focas que se permite sacrificar o capturar se limite estrictamente al mínimo necesario para satisfacer el propósito para el cual se solicita el permiso;

b) en el caso de permisos para investigación científica, adoptar todas las medidas factibles para fomentar la planificación en colaboración, y minimizar así la duplicación inútil; y, en todos los permisos, adoptar todas las medidas factibles para aumentar al máximo los beneficios científicos derivados. Para cumplir con estos objetivos, los permisos deberán expedirse con la mayor anticipación posible al inicio de la actividad que autoriza el permiso.

B. Las Partes Contratantes deberían proporcionar a otras Partes Contratantes y al SCAR la siguiente información relacionada con cada permiso:

a) sin demora después de expedido el permiso:

   i) el propósito del permiso, incluyendo los objetivos específicos de la investigación para la cual se extiende un permiso para investigación científica;

   ii) el contenido del permiso, incluyendo la ubicación, período, número, especies y edad relativa de las focas cuyo sacrificio o captura se permite;

b) con carácter anual, a más tardar el 30 de junio, un informe sobre las actividades autorizadas por permisos especiales durante el año anterior, incluyendo, según corresponda, los siguientes detalles acerca de cada foca sacrificada o capturada:

   i) número del espécimen

   ii) especie

   iii) fecha de recolección

   iv) lugar de recolección

   v) sexo

   vi) edad relativa o tamaño

   vii) estado reproductivo (inmadura, madura, preñada, lactante)

   viii) tipo de material de muestra recogido (por ejemplo, dientes, órganos reproductivos, material esquelético, contenidos del estómago, muestras de tejidos, sangre, orina, órganos, etc.).

[Párrafo 17 del Informe de la Reunión de Revisión de 1988 sobre el Funcionamiento de la Convención para la Conservación de las Focas Antárticas.]

SECRETARÍA

ACUERDO DE SEDE
PARA LA SECRETARÍA DEL TRATADO ANTÁRTICO

La Reunión Consultiva del Tratado Antártico (RCTA) y la República Argentina,

Convencidos de la necesidad de fortalecer el sistema del Tratado Antártico;

Tomando en cuenta la situación jurídica y política especial de la Antártida y la responsabilidad especial de las Partes Consultivas del Tratado Antártico de garantizar que todas las actividades en la Antártida sean compatibles con los propósitos y principios del Tratado Antártico y del Protocolo al Tratado Antártico para la Protección del Medio Ambiente;

Tomando en cuenta la Decisión 1 (2001) de la XXIV RCTA y la Medida 1 (2003) de la XXVI RCTA sobre la Secretaría del Tratado Antártico en Buenos Aires, Argentina;

Deseando habilitar la Secretaría como órgano de la RCTA para que cumpla cabal y eficientemente sus objetivos y propósitos; y

Deseando definir la capacidad jurídica de la Secretaría como órgano de la RCTA, así como sus privilegios e inmunidades y los del Secretario Ejecutivo y otros miembros del personal en el territorio de la República Argentina;

Han acordado lo siguiente:

ARTÍCULO 1
DEFINICIONES

Para los fines de este Acuerdo:

a)   "Tratado Antártico" o "el Tratado" significa el Tratado Antártico hecho en Washington el 1 de diciembre de 1959;

b)   "Autoridades pertinentes" significa las autoridades nacionales, provinciales o locales de la República Argentina de conformidad con las leyes de la República Argentina;

c)   "Archivos" significa toda la correspondencia, documentos, manuscritos, fotografías, memoria de datos informáticos, películas, grabaciones y todo otro registro en papel, electrónico o cualquier otro formato que pertenezcan a la Secretaría, o estén a cargo de ella;

d)   "Comité para la Protección del Medio Ambiente" o "CPA" significa el Comité establecido en virtud del artículo 11 del Protocolo;

e) "Delegados" significa los Representantes, Representantes suplentes, asesores y toda otra persona que represente a los Estados Partes;

f) "Secretario Ejecutivo" significa el Secretario Ejecutivo nombrado por la RCTA para dirigir la Secretaría de conformidad con el instrumento que establece la Secretaría;

g) "Experto" significa la persona empleada para realizar proyectos a corto plazo o de carácter temporal en nombre de la Secretaría o para participar en el trabajo o cumplir una misión en nombre de la Secretaría sin que necesariamente reciba una remuneración de la Secretaría, pero no incluye a los miembros del personal;

h) "Gobierno" significa el Gobierno de la República Argentina;

i) "Sede" significa el local, incluidos los inmuebles o partes de inmuebles y los terrenos correspondientes, independientemente de su propiedad, ocupados por la Secretaría para el desempeño de sus Actividades oficiales;

j) "Actividades oficiales" significa todas las actividades que se realicen de conformidad con el Tratado y el Protocolo, incluidas las tareas administrativas de la Secretaría;

k) "Protocolo" significa el Protocolo al Tratado Antártico sobre Protección del Medio Ambiente, hecho en Madrid el 4 de octubre de 1991;

l) "Secretaría" significa la Secretaría del Tratado Antártico, establecida como órgano permanente de la RCTA;

m) "Miembro del personal" significa el Secretario Ejecutivo y todas las demás personas nombradas para trabajar en la Secretaría y sujetas a los Estatutos del Personal, pero no incluye las personas contratadas localmente y remuneradas por horas de trabajo; y

n) "Estados Partes" significa los Estados Partes del Tratado Antártico.

ARTÍCULO 2

CAPACIDAD JURÍDICA

La Secretaría, como órgano de la RCTA, tiene personalidad y capacidad jurídicas para desempeñar sus funciones en el territorio de la República Argentina. Tiene, en particular, la capacidad de contratar, adquirir y enajenar bienes muebles e inmuebles y entablar y ser parte en acciones judiciales. La Secretaría podrá ejercer su capacidad jurídica solamente en la medida en que esté autorizada por la RCTA.

ARTÍCULO 3
SEDE

1.   La Sede de l Secretaría será inviolable y estará bajo la completa autoridad de la Secretaría.

2.   El Gobierno proporcionará un predio sin costo de alquiler en Buenos Aires adecuado para la Sede.

3.   El Gobierno tomará todas las medidas apropiadas para proteger la Sede contra cualquier intromisión o daño y prevenir todo ataque a su dignidad.

4.   El Gobierno efectuará los arreglos necesarios para que las Autoridades pertinentes proporcionen a la Sede los servicios públicos disponibles, tales como electricidad, agua corriente, alcantarillado, gas, correo, teléfono, telégrafo, desagüe, recolección de basura y protección contra incendios, en condiciones no menos favorables que las que gozan las misiones diplomáticas en la República Argentina.

5.   A través de la RCTA, la Secretaría hará saber al Gobierno la necesidad de efectuar cualquier cambio en la ubicación o extensión de sus locales o archivos permanentes y de cualquier otro uso temporal de los locales para la realización de sus Actividades oficiales. En los casos en los cuales la Secretaría use u ocupe un local que no sea el establecido de conformidad con el párrafo 2 precedente para la realización de sus Actividades oficiales, dicho local pasará a tener, con el acuerdo del Gobierno, el carácter de local oficial de la Secretaría. Cuando se efectúe cualquier cambio permanente o temporal de los locales de la Secretaría de conformidad con este párrafo, cualquier local adicional ocupado por la Secretaría, no deberá ser necesariamente proporcionado por el Gobierno sin cargo de alquiler.

6.   Sin perjuicio de lo estipulado en este Acuerdo, la Secretaría no permitirá que su Sede se convierta en refugio de personas que estén tratando de evitar su detención o el diligenciamiento de un mandamiento judicial o respecto de quienes se haya expedido una orden de extradición o deportación.

7.   Las Autoridades pertinentes podrán entrar a la Sede en el ejercicio de sus funciones únicamente con el consentimiento del Secretario Ejecutivo y de acuerdo con las condiciones que él o ella estipule. Se considerará que el Secretario Ejecutivo ha dado su consentimiento en caso de incendio u otra emergencia excepcional que requiera una medida de protección inmediata.

ARTÍCULO 4

INMUNIDADES

1.   Sujeto a lo estipulado en el Tratado, el Protocolo o el presente Acuerdo, las actividades de la Secretaría en la República Argentina se regirán por el derecho interno argentino compatible con el derecho internacional.

2.   En el marco de sus Actividades oficiales, la Secretaría, como órgano de la RCTA, y sus bienes locales y activos gozarán de inmunidad de jurisdicción en actuaciones judiciales y administrativas, excepto:

a)   en la medida en que la RCTA renuncie expresamente a dicha inmunidad;

b)   con respecto a cualquier contrato para el suministro de bienes o servicios y cualquier préstamo u otra transacción para la obtención de financiación y cualquier otra garantía o caución con respecto a cualquiera de estas transacciones o cualquier otra obligación financiera;

c)   con respecto a una acción civil entablada por un tercero, por muerte, daños o lesiones corporales resultantes de un accidente causado por un vehículo motorizado perteneciente a la Secretaría o usado por cuenta de ella, en la medida en que esa indemnización no se pueda recobrar de una compañía de seguros;

d)   con respecto a una infracción de tráfico en que esté involucrado un vehículo motorizado perteneciente a la Secretaría o usado por cuenta de ella;

e)   en el caso de embargo de sueldos, salarios u otros emolumentos adeudados por la Secretaría;

f)   con respecto a una contrademanda directamente relacionada con las acciones judiciales iniciadas por la Secretaría;

g)   con respecto a toda demanda relativa a bienes inmuebles situados en la República Argentina; y

h)   con respecto a acciones judiciales basadas en la condición de la Secretaría como heredera o legataria de propiedades ubicadas en la República Argentina.

3.   Los bienes, locales y activos de la Secretaría gozarán de inmunidad respecto de cualquier forma de restricciones o controles tales como requisa, confiscación, expropiación o embargo. También gozarán de inmunidad respecto de cualquier otra forma de restricción administrativa o judicial, excepto los vehículos motorizados pertenecientes a la Secretaría u operados por ella, que no gozarán de inmunidad respecto de restricciones administrativas o judiciales cuando estas sean temporalmente necesarias para la prevención o investigación de accidentes en los cuales hubiesen estado involucrados.

4.   Ninguna de las disposiciones del presente Acuerdo menoscabará la inmunidad de que gozan los Estados en el territorio de otros Estados, ni será interpretada como renuncia a la misma.

ARTÍCULO 5
OBJETIVO DE LOS PRIVILEGIOS E INMUNIDADES Y RENUNCIA A LOS MISMOS

1.   Los privilegios e inmunidades establecidos en el presente Acuerdo se otorgan para asegurar el libre funcionamiento de la RCTA y la Secretaría así como la completa independencia de las personas a quienes han sido acordados. No se otorgan para beneficio personal.

2.   Con excepción de lo dispuesto en el párrafo 3 siguiente la RCTA podrá renunciar a los privilegios e inmunidades otorgados en virtud del presente Acuerdo. Deberían renunciar a ellos en el caso particular en que el privilegio o inmunidad en cuestión trabaran el curso de la justicia y se pudiera renunciar a ellos sin perjudicar los fines para los cuales fueron otorgados.

3.   En el caso de los Delegados, los Estados Partes que ellos representan podrán renunciar a sus privilegios e inmunidades dispuestos en el presente Acuerdo.

ARTÍCULO 6
ARCHIVOS

Los Archivos serán inviolables.

ARTÍCULO 7
BANDERA Y EMBLEMA DEL TRATADO

La Secretaría tendrá derecho a exhibir la bandera y el emblema del Tratado en los locales y medios de transporte de la Secretaría y el Secretario Ejecutivo.

ARTÍCULO 8
EXENCIÓN DE IMPUESTOS DIRECTOS

En el marco de sus actividades oficiales, la Secretaría, sus bienes, locales y activos, y sus ingresos (incluidas las contribuciones hechas a la Secretaría como resultado de todo acuerdo logrado por los Estados Partes) estarán exentos de todos los impuestos directos, incluidos el impuesto a la renta, el impuesto a las ganancias de capital y todos los impuestos estatales. La Secretaría estará exenta del pago de impuestos municipales con excepción de los que constituyen el pago de servicios específicos provistos de conformidad con el párrafo 4 del artículo 3.

ARTÍCULO 9

EXENCIÓN DE PAGO DE DERECHOS ADUANEROS Y DE CONSUMO

Y DEL IMPUESTO AL VALOR AGREGADO

1.   Los bienes utilizados por la Secretaría que sean necesarios para realizar sus Actividades oficiales (incluyendo las publicaciones de la RCTA, los vehículos motorizados y los artículos para agasajos oficiales) estarán exentos del pago de toda clase de derechos aduaneros y de consumo.

2.   La Secretaría estará exenta del impuesto al valor agregado o impuestos similares sobre bienes y servicios, incluidas las publicaciones y otro material de información, vehículos motorizados y artículos para agasajos oficiales, si los bienes y servicios adquiridos de esta forma por la Secretaría son necesarios para su uso oficial.

ARTÍCULO 10

EXENCIÓN DE RESTRICCIONES Y PROHIBICIONES

Los bienes importados o exportados para las Actividades oficiales de la Secretaría estarán exentos de toda prohibición o restricción aplicable a tales bienes sobre la base de su origen nacional.

ARTÍCULO 11

REVENTA

Los bienes adquiridos o importados por la Secretaría a los cuales se apliquen las exenciones previstas en el artículo 9 precedente y los bienes adquiridos o importados por el Secretario Ejecutivo u otros miembros del personal a los cuales se apliquen las exenciones de los artículos 16 o 17 siguientes, no se podrán regalar, vender, prestar, alquilar o enajenar de cualquier otra manera en la República Argentina, excepto bajo las condiciones convenidas de antemano con el Gobierno.

ARTÍCULO 12

MONEDA Y CAMBIO

La Secretaría estará exenta de toda restricción monetaria o cambiaria, incluidas las relativas a fondos, moneda circulante y títulos recibidos, adquiridos, poseídos o transferidos. La Secretaría igualmente podrá manejar cuentas bancarias y otras para uso oficial, sin restricciones, en cualquier divisa, y podrá transferirlas libremente dentro de la República Argentina o a cualquier otro país.

ARTÍCULO 13
COMUNICACIONES

1.   En lo que respecta a sus comunicaciones oficiales y la transferencia de todos sus documentos, la Secretaría gozará de un trato no menos favorable al otorgado generalmente por el Gobierno a cualquier otro gobierno, incluida la misión diplomática de éste, en materia de prioridades, franqueos e impuestos sobre la correspondencia y toda forma de telecomunicaciones.

2.   La Secretaría podrá usar cualquier medio apropiado de comunicación, incluidos los mensajes cifrados. El Gobierno no impondrá restricción alguna a las comunicaciones oficiales de la Secretaría o a la circulación de sus publicaciones.

3.   La Secretaría podrá instalar y utilizar transmisores de radio con el consentimiento del Gobierno.

4.   La correspondencia oficial y otras comunicaciones oficiales de la Secretaría no estarán sujetas a censura y gozarán de todas las garantías otorgadas por el derecho interno argentino.

ARTÍCULO 14
PUBLICACIONES

La importación y exportación de publicaciones u otro material de información de la Secretaría en el marco de sus Actividades oficiales no estará sujeta a ningún tipo de restricción.

ARTÍCULO 15
PRIVILEGIOS E INMUNIDADES DE LOS DELEGADOS

1.   Los Delegados de los Estados Partes, mientras permanezcan en la República Argentina para ejercer sus funciones oficiales, gozarán de los privilegios e inmunidades de los agentes diplomáticos, de acuerdo con la Convención de Viena sobre Relaciones Diplomáticas del 18 de abril de 1961.

2.   La cláusula del párrafo 1 anterior regirá independientemente de las relaciones que existan entre los gobiernos que representen las personas y el Gobierno Argentino, sin perjuicio de toda inmunidad adicional a la que dichas personas puedan tener derecho en la República Argentina.

3.   Los privilegios e inmunidades mencionados en el párrafo 1 anterior no regirán para delegado alguno del Gobierno ni para ciudadanos argentinos o residentes permanentes de la República Argentina.

4.   El Gobierno tratará a los Delegados con el debido respeto y tomará todas las medidas necesarias para evitar cualquier atentado contra su persona, libertad y dignidad. En los casos en que parezca haberse cometido un delito contra un

Delegado, se tomarán las medidas del caso de conformidad con los procedimientos jurídicos argentinos para investigar el asunto y cerciorarse que se tomen las medidas del caso con respecto al enjuiciamiento del presunto delincuente.

ARTÍCULO 16

SECRETARIO EJECUTIVO

Además de los privilegios, inmunidades, exenciones y facilidades previstos en el artículo 17 siguiente, el Secretario Ejecutivo, a menos que sea ciudadano argentino o residente permanente en la República Argentina, gozará de los privilegios, inmunidades, exenciones y facilidades a los cuales tiene derecho un agente diplomático en la República Argentina, incluidos los privilegios, inmunidades, exenciones y facilidades para los miembros de su familia que forman parte de su hogar, a menos que sean ciudadanos argentinos o residentes permanentes en la República Argentina.

ARTÍCULO 17

MIEMBROS DEL PERSONAL

1. Los miembros del personal de la Secretaría:

    a) aún después del cese de sus servicios a la Secretaría, gozarán de inmunidad en juicios y otros procesos judiciales o administrativos o mandamientos judiciales con respecto a actos y hechos efectuados por ellos en el ejercicio de sus funciones oficiales, incluyendo expresiones escritas o habladas;

    b) sin embargo, las inmunidades estipuladas en el subpárrafo anterior no se aplicarán en el caso de infracciones cometidas por el miembro del personal o el Secretario Ejecutivo con un vehículo motorizado, ni en el caso de procedimientos civiles o administrativos debidos a muerte, daños o lesiones personales causados por un vehículo motorizado perteneciente al miembro del personal o conducido por él o ella en la medida en que la indemnización no se pueda recobrar de una compañía de seguros;

    c) estarán exentos de cualquier obligación con respecto al servicio militar y cualquier otro tipo de servicio obligatorio, a menos que sean argentinos o residentes permanentes en la República Argentina;

    d) estarán exentos de la aplicación de las leyes relativas al registro de extranjeros y de inmigración;

    e) a menos que sean argentinos o residentes permanentes en la República Argentina, se les otorgará la misma exención de restricciones monetarias y cambiarias que se otorga a un funcionario de rango comparable de un organismo internacional en la República Argentina;

    f) a menos que sean argentinos o residentes permanentes en la República Argentina, estarán exentos, al momento de asumir por primera vez sus cargos en la República Argentina, del pago de los derechos aduaneros y otros gravámenes (excepto el pago por servicios) con respecto a la importación de mobiliario, automotores y otros efectos personales de su propiedad o en su posesión o que hayan sido pedidos por ellos, destinados a su uso personal o para su establecimiento. Tales bienes deberán ser importados dentro de los seis meses siguientes al primer ingreso del miembro del personal a la República Argentina, pero en circunstancias excepcionales el Gobierno concederá una prórroga de este período. Los bienes adquiridos o importados por los miembros del personal a los cuales se apliquen las exenciones previstas en este subpárrafo no podrán ser regalados, vendidos, prestados, alquilados o enajenados de cualquier otra manera excepto en las condiciones previamente convenidas con el Gobierno. El mobiliario y los efectos personales podrán ser exportados libres de derechos cuando el miembro del personal, al terminar sus funciones oficiales, parta de la República Argentina;

g)	estarán exentos de todos los impuestos sobre la renta recibidos de la Secretaría. Esta exención no se aplicará a los miembros del personal que sean argentinos o residentes permanentes en la República Argentina;

h)	tendrán mecanismos de repatriación similares a los que se conceden a los representantes de organismos internacionales en tiempos de crisis internacional; y

i)	gozarán de inviolabilidad con respecto a toda forma de arresto o detención personal o incautación de su equipaje personal a menos que sean argentinos o residentes permanentes en la República Argentina.

2.	Los privilegios e inmunidades de que goza un miembro del personal de conformidad con los subpárrafos c), d), e), f), h) e i) del párrafo 1 precedente también se aplicarán a los miembros de su familia que formen parte de su hogar, a menos que sean argentinos o residentes permanentes de la República Argentina.

ARTÍCULO 18

EXPERTOS

En el ejercicio de sus funciones, los expertos gozarán de los siguientes privilegios e inmunidades en la medida necesaria para el cumplimiento de sus funciones, incluso durante viajes efectuados en la República Argentina a tal efecto:

a)	inmunidad en juicios y todo otro procedimiento judicial o administrativo o mandamiento judicial en lo que respecta a actos y hechos efectuados por ellos en el ejercicio de sus funciones oficiales, incluyendo expresiones escritas o habladas. Esta inmunidad no se aplicará, sin embargo, en caso de infracción cometida con un vehículo motorizado por un experto, ni en el caso de procedimientos civiles o administrativos debidos a muerte, daños o lesiones personales causados por un vehículo motorizado de su propiedad o manejado por él o ella en la medida en que la indemnización no se pueda recuperar de una compañía de seguros. Dicha inmunidad seguirá vigente después que el experto haya cesado en sus funciones en relación a la Secretaría;

b) inviolabilidad de todos sus papeles y documentos oficiales así como de otros materiales oficiales relacionados con el desempeño de las funciones de la Secretaría;

c) a menos que sean argentinos o residentes permanentes en la República Argentina, se les concederá la misma exención de restricciones monetarias y cambiarias que la otorgada a un representante de un gobierno extranjero en misión temporaria en la República Argentina en representación de dicho gobierno; y

d) a menos que sean ciudadanos argentinos o residentes permanentes en la República Argentina, gozarán de inmunidad de arresto y detención y de incautación del equipaje personal.

ARTÍCULO 19

VISAS

1. Todas las personas que tengan asuntos oficiales con la Secretaría, es decir los Delegados y miembros de su familia que formen parte de su hogar, los miembros del personal de la Secretaría y todo familiar que forme parte de su hogar, y los expertos mencionados en el artículo 18 precedente, tendrán derecho a entrar, permanecer y salir de la República Argentina.

2. El Gobierno tomará todas las medidas necesarias para facilitar la entrada a la República Argentina, la estadía en dicho territorio y la salida del mismo de todas las personas mencionadas en el párrafo 1 precedente. Se otorgarán las visas, si fuesen requeridas, sin espera o retraso, y sin aranceles, cuando se presente un certificado que acredite que el solicitante es una persona descrita en el párrafo 1 precedente. Además, el Gobierno argentino facilitará el desplazamiento de esas personas dentro del territorio de la República Argentina.

ARTÍCULO 20
COOPERACIÓN

La Secretaría cooperará plenamente y en todo momento con las Autoridades pertinentes con el objeto de evitar todo abuso de los privilegios, inmunidades y facilidades previstas en el presente Acuerdo. El Gobierno se reserva su derecho soberano de tomar medidas razonables para preservar la seguridad. Ninguna de las disposiciones del presente Acuerdo impide la aplicación de las leyes necesarias para la preservación de la salud o el establecimiento de cuarentenas o, en lo que atañe a la Secretaría y sus funcionarios, de las leyes relativas al orden público.

ARTÍCULO 21
NOTIFICACIÓN DE NOMBRAMIENTOS, DOCUMENTOS DE IDENTIDAD

1.   La RCTA notificará al Gobierno cuando haya sido nombrado el Secretario Ejecutivo y dará a conocer la fecha en que él o ella asuma o deje el cargo.

2.   La Secretaría notificará al Gobierno cuando un miembro del personal asuma su cargo o renuncie al mismo o cuando un experto empiece o termine un proyecto o misión.

3.   La Secretaría enviará al Gobierno dos veces al año una lista de todos los expertos y miembros del personal y los familiares que formen parte de su hogar en la República Argentina. En cada caso la Secretaría indicará si se trata de ciudadanos argentinos o residentes permanentes en la República Argentina.

4.   El Gobierno expedirá a todos los miembros del personal y expertos, lo más pronto que sea factible después de la notificación de su nombramiento, una tarjeta con la fotografía del o de la titular identificándolo/a como miembro del personal o experto/a según el caso. Dicha tarjeta será aceptada por las Autoridades pertinentes como prueba de identidad y nombramiento. Los familiares que formen parte de su hogar también recibirán un documento de identidad. Cuando el miembro del personal o experto cese en sus funciones, la Secretaría devolverá al Gobierno su documento de identidad junto con los documentos de identidad entregados a los familiares que formen parte de su hogar.

ARTÍCULO 22
CONSULTAS

El Gobierno y la Secretaría como órgano de la RCTA realizarán consultas a solicitud de cualquiera de ellos con respecto a las cuestiones que se susciten bajo este Acuerdo. De no resolverse pronto cualquiera de estas cuestiones, la Secretaría la remitirá a la RCTA.

ARTÍCULO 23
ENMIENDA

El presente Acuerdo podrá ser enmendado mediante acuerdo entre el Gobierno y la RCTA.

ARTÍCULO 24
SOLUCIÓN DE CONTROVERSIAS

Toda controversia concerniente a la interpretación o aplicación del presente Acuerdo será resuelta mediante consulta, negociación o cualquier otro método mutuamente aceptable, que puede comprender el recurso a un arbitraje obligatorio.

ARTÍCULO 25
ENTRADA EN VIGOR Y EXPIRACIÓN

1. El presente Acuerdo entrará en vigor en el momento de su firma.

2. Se podrá dar por terminado el presente Acuerdo mediante notificación escrita por cualquiera de las Partes. La expiración surtirá efecto dos años después de la recepción de dicha notificación a menos que se acuerde lo contrario.

Hecho en Punta del Este, a los diez días del mes de mayo de dos mil diez, en dos ejemplares originales, en español, inglés, francés y ruso, siendo ambos igualmente auténticos.

Por la República Argentina

Por la Reunión Consultiva del
Tratado Antártico

Jorge Enrique Taiana

Roberto Puceiro Ripoll

Ministro de Relaciones Exteriores,
Comercio Internacional y Culto

Presidente de la XXXIII Reunión
Consultiva del Tratado Antártico

ANEXO A LA DECISIÓN 2 (2021)

REGLAMENTO DEL PERSONAL DE LA SECRETARÍA DEL TRATADO ANTÁRTICO

ARTÍCULO 1
PREÁMBULO

1.1   El presente Reglamento del Personal establece los principios fundamentales de empleo, regula las relaciones laborales, y establece los derechos y deberes de los empleados de la Secretaría del Tratado Antártico (la Secretaría), y comprende a los Miembros del personal que prestan sus servicios y reciben una remuneración de la Secretaría del Tratado Antártico.

1.2   En el texto del presente Reglamento del Personal, la referencia a los miembros del personal en género masculino se aplica al personal de ambos sexos, a menos que el contexto sea manifiestamente inapropiado.

ARTÍCULO 2
*DEBERES, OBLIGACIONES Y PRIVILEGIOS*2.1 Al aceptar su nombramiento, los miembros del personal deberán comprometerse a cumplir fielmente sus obligaciones y comportarse teniendo únicamente presente los intereses de la RCTA. Sus responsabilidades como miembros del personal no son nacionales, sino que se deben únicamente a la RCTA.

2.2   Los miembros del personal deberán comportarse en todo momento de una manera que sea compatible con el Tratado Antártico. Deberán tener siempre presente la lealtad, discreción y tacto que les imponen sus responsabilidades en el desempeño de sus funciones. Se abstendrán de todo acto, declaración o actividad pública que pueda resultar perjudicial para la RCTA y sus objetivos.

2.3   No se requiere que los miembros del personal renuncien a sus sentimientos nacionales o a sus convicciones políticas o religiosas, pero deberán cerciorarse de que dichas opiniones o convicciones no tengan un impacto adverso en sus obligaciones oficiales o en los intereses de la RCTA. Los miembros del personal deberán tener los máximos niveles de eficiencia, competencia e integridad. El concepto de integridad incluye, aunque no exclusivamente: probidad, imparcialidad, equidad, honestidad, y veracidad en todos los asuntos que afecten a su trabajo y condición.

2.4   En el desempeño de sus funciones, los miembros del personal no deberán pedir ni aceptar instrucciones de gobierno o autoridad alguna que no sea la RCTA.

2.5   Los miembros del personal observarán la máxima discreción con respecto a los asuntos oficiales, y se abstendrán de hacer uso privado de la información que posean en virtud de su cargo. La autorización para divulgar información con fines oficiales incumbirá a la RCTA o el secretario ejecutivo, según corresponda.

2.6   Los miembros del personal no tendrán, en general, otro empleo, aparte del de la Secretaría. En casos especiales, los miembros del personal podrán aceptar otro empleo, siempre que no interfiera con sus obligaciones en la Secretaría y después de haber obtenido la autorización del secretario ejecutivo. En lo que respecta a este último, deberá obtener la autorización previa de la RCTA.

2.7   Ningún miembro del personal podrá estar asociado a la dirección de un negocio, industria u otra empresa, o tener una participación financiera en la misma, si, como resultado del cargo oficial que ocupa en la Secretaría, pudiera beneficiarse de esta vinculación o participación El poseer acciones no mayoritarias de una empresa no será considerado como participación financiera en el sentido del presente Reglamento.

2.8   Los miembros del personal gozarán de los privilegios e inmunidades a los que tengan derecho en virtud del Acuerdo de Sede de la Secretaría del Tratado Antártico, de conformidad con el artículo 5 de la Medida 1 (2003) de la XXVI RCTA.

ARTÍCULO 3

HORARIO LABORAL

3.1   La jornada de trabajo normal será de ocho horas, de lunes a viernes, con un total de cuarenta horas semanales

3.2   El secretario ejecutivo fijará el horario de trabajo y podrá modificarlo en beneficio de la RCTA, si las circunstancias así lo requirieren.

3.3   Los miembros del personal podrán trabajar en horarios flexibles de acuerdo con el sistema *Flextime* incluido en los procedimientos internos, con la autorización del secretario ejecutivo y en beneficio del funcionamiento de la Secretaría.

3.4   Los miembros del personal a tiempo completo deberán tomar una pausa de almuerzo no menor a 30 minutos ni mayor a 1 hora, que deberá realizarse no más tarde de cinco horas luego de haber comenzado la jornada laboral.

ARTÍCULO 4

CLASIFICACIÓN DEL PERSONAL

4.1   Los miembros del personal serán clasificados en una de las dos categorías siguientes:

(a)   Categoría ejecutiva

Cargos de un alto grado de responsabilidad de carácter ejecutivo. Estos cargos serán ocupados por profesionales idóneos, preferentemente con formación universitaria o su equivalente. Los miembros del personal de esta categoría serán contratados internacionalmente, pero solamente entre ciudadanos de las Partes Consultivas.

(b)   Categoría de servicios generales

Todos los demás miembros del personal, incluidos los traductores, intérpretes, los que desempeñen cargos técnicos, administrativos y auxiliares. Estos miembros del personal serán contratados en la Argentina entre ciudadanos de las Partes Consultivas.

4.2   Las personas empleadas de conformidad con el artículo 11 no serán clasificadas como miembros del personal.

ARTÍCULO 5

SUELDOS Y OTRAS REMUNERACIONES

5.1   La escala de sueldos para los miembros del personal de la categoría ejecutiva se adjunta en la tabla A. Los sueldos de los miembros del personal de la categoría ejecutiva se pagarán en dólares estadounidenses.

5.2   La escala de sueldos para los miembros del personal de la categoría de servicios generales se adjunta en la tabla B. Los sueldos de los miembros del personal de la categoría de servicios generales se pagarán en dólares estadounidenses.

5.3   A los efectos del presente reglamento, el término «persona a cargo» significa:

(a)   todo menor no asalariado, nacido de, o adoptado por, un miembro del personal, su cónyuge o los hijos de estos, que sea menor de dieciocho años y que esté a cargo de un miembro del personal para su manutención principal y continua;

(b)   todo menor que reúna las condiciones establecidas en el párrafo (a), pero que tenga entre dieciocho y veinticinco años de edad y esté recibiendo una educación escolar o universitaria o una formación terciaria;

(c)   todo menor incapacitado que esté a cargo de un miembro del personal para su manutención principal y continua;

(d)   todo menor a quien un miembro del personal proporcione un hogar y que esté a su cargo para su manutención principal y continua; y

(e)   todo familiar que forme parte del hogar del miembro del personal, quien es legalmente responsable de su manutención principal y continua.

5.4   Los sueldos de los miembros del personal de la categoría ejecutiva partirán del escalón 1 del nivel en el cual hayan sido nombrados. Los miembros del personal permanecerán en ese nivel por lo menos durante el primer año de empleo.

5.5   El ascenso del secretario ejecutivo y los demás miembros del personal de un nivel a otro requiere la previa aprobación de la RCTA.

5.6   El secretario ejecutivo tomará las medidas necesarias para asegurar que a todo miembro del personal de la categoría ejecutiva que esté sujeto al pago del impuesto nacional sobre la renta en su país de origen se le reembolse el monto pagado en ese concepto. Se tomarán tales medidas solo a condición de que el costo directo del reembolso lo pague el país de origen del miembro del personal. Los miembros del personal de la categoría de servicios generales serán responsables del pago del impuesto sobre la renta en su país de origen, si así correspondiere.

5.7   Los miembros del personal recibirán aumentos anuales por escalones, sujetos al desempeño satisfactorio de sus funciones. Dichos aumentos por escalones cesarán cuando el miembro del personal haya alcanzado el escalón más alto del nivel en el cual esté prestando servicios.

5.8   Únicamente en casos muy especiales, a propuesta del secretario ejecutivo y con la aprobación de la RCTA, los miembros del personal de la categoría ejecutiva podrán ser contratados con un sueldo superior al escalón 1 del nivel correspondiente.

5.9   Los miembros del personal de la categoría ejecutiva no tendrán derecho al pago de horas extraordinarias ni a licencia compensatoria.

5.10   Los miembros del personal de la categoría de servicios generales que deban trabajar más de 40 horas en una semana serán compensados, a criterio del secretario ejecutivo:

(a)   con una licencia compensatoria equivalente a las horas extraordinarias trabajadas; o

(b)   mediante remuneración de las horas extraordinarias, calculadas a razón de una vez y media el valor horario o, si el tiempo adicional trabajado fuera un domingo o uno de los feriados enumerados en el artículo 7.8, a razón del doble del valor horario.

5.11   La RCTA pagará los gastos de representación debidamente justificados realizados por el secretario ejecutivo en el desempeño de sus funciones, dentro de los límites establecidos anualmente en el presupuesto.

5.12   Con la previa aprobación del secretario ejecutivo, un empleado de la categoría de servicios generales que deba realizar las tareas completas de un empleado de mayor clasificación por un período de al menos cuatro semanas recibirá el salario de la categoría superior correspondiente mientras deba realizar esas tareas.

ARTÍCULO 6

CONTRATACIÓN Y NOMBRAMIENTO

6.1   De conformidad con el artículo 3 de la Medida 1 (2003), la RCTA nombrará un secretario ejecutivo y establecerá su remuneración y otros derechos que considere pertinentes. El mandato del secretario ejecutivo será de cuatro años a menos que la RCTA decida lo contrario, y el secretario ejecutivo podrá ser reelegido por un mandato adicional. La totalidad del período de permanencia en el cargo no podrá superar los ocho años.

6.2   De conformidad con el artículo 3 de la Medida 1 (2003), el secretario ejecutivo contratará, dirigirá y supervisará a los demás miembros del personal. La consideración de mayor importancia en el nombramiento, transferencia o ascenso del personal será la necesidad de asegurar los máximos niveles de eficiencia, competencia e integridad. En la selección de los candidatos, si estos cualifican por igual, se tomará en cuenta la equidad en cuanto a género y procedencia. Sujeto a este criterio, se deberá dar la debida consideración a la contratación del personal de la categoría ejecutiva con la máxima distribución posible entre los ciudadanos de las Partes Consultivas.

6.3   Al ser seleccionado, cada miembro del personal recibirá una oferta de nombramiento en la que constará:

(a)   que el nombramiento está sujeto a las disposiciones del presente Reglamento y los cambios que en debida forma puedan realizarse en dicho Reglamento cuando corresponda;

(b)   la naturaleza del nombramiento, incluida una descripción de los deberes y las tareas inherentes al cargo;

(c)   la fecha en la cual el miembro del personal deberá empezar a desempeñar sus funciones y las horas de trabajo;

(d)   el período del nombramiento, el preaviso necesario para su rescisión y el período de prueba;

(e)   para el personal de la categoría ejecutiva la duración del nombramiento, que no podrá superar los 4 años, y que podrá ser renovado mediante consulta con la RCTA;

(f)   la categoría, el nivel, el sueldo inicial, la escala de aumentos y el sueldo máximo alcanzable;

(g)   los subsidios que corresponden al nombramiento;

(h)   cualesquiera otros términos o condiciones especiales que correspondan.

6.4   Junto con la oferta de nombramiento, se facilitará a los miembros del personal una copia de este Reglamento. Al aceptar la oferta, el miembro del personal deberá firmar el contrato de trabajo correspondiente y declarar por escrito que conoce y acepta las condiciones establecidas en este Reglamento.

6.5   El secretario ejecutivo llevará a cabo una evaluación anual del desempeño de los deberes de los miembros del personal mediante un método reconocido, a los fines de garantizar la mejora continua de la administración, así como para facilitar la consideración del ascenso de los miembros del personal o justificar su desvinculación.

ARTÍCULO 7
LICENCIA

7.1   Los miembros del personal tendrán derecho a 25 días hábiles pagos de licencia durante cada año laboral de servicio, o, en caso de períodos inferiores al año civil completo, a dos días hábiles pagos por cada mes terminado de servicio. Tal licencia se dividirá en 15 días hábiles pagos de vacaciones, que podrán ser tomados en forma consecutiva, y 10 días hábiles pagos adicionales que se tomarán en períodos de no más de 3 días. La licencia anual de vacaciones es acumulativa, pero al final de cada año civil podrá transferirse un máximo de 15 días al año siguiente. La licencia adicional no es acumulativa.

7.2   La licencia anual no deberá causar perturbaciones indebidas en el funcionamiento normal de la Secretaría. Según este principio, las fechas y duración de la licencia estarán supeditadas a las necesidades de la RCTA y deberán ser aprobadas por el secretario ejecutivo, quien, en la medida de lo posible, tendrá en cuenta las circunstancias personales, necesidades y preferencias de los miembros del personal.

7.3   La licencia anual podrá tomarse en uno o más períodos. Los miembros del personal deberán informar con cuatro semanas de anticipación al secretario ejecutivo de su intención de tomar la licencia de vacaciones luego de verificar con otros miembros del personal que no se produzcan superposiciones que afecten el funcionamiento normal de la Secretaría.

7.4   Toda ausencia que no esté aprobada en el marco del presente Reglamento será descontada de la licencia anual.

7.5   Los miembros del personal que, al cesar en sus funciones, tengan días de licencia anual acumulados que no se hayan tomado, recibirán la cantidad equivalente en efectivo, estimada sobre la base del último sueldo recibido, hasta un tope de 30 días.

7.6   Después de 18 meses de servicio, la Secretaría, de conformidad con los artículos 9.3 y 9.4, pagará los pasajes al país de origen de los miembros del personal durante su licencia anual para los contratados internacionalmente y las personas a su cargo. Posteriormente, los pasajes al país de origen se concederán cada dos años, siempre que:

(a)   las personas a cargo que se beneficien de esta concesión hayan residido en Buenos Aires por lo menos durante seis meses antes del viaje; y

(b)   se prevea que el miembro del personal se reincorporará a la Secretaría para continuar prestando sus servicios por un período mínimo adicional de 6 meses.

7.7   También podrá contemplarse la posibilidad de combinar viajes de licencia en el país de origen con viajes oficiales al servicio de la Secretaría, siempre que las funciones de la Secretaría no se vean perjudicadas.

7.8   El personal tendrá derecho a los feriados y días no laborables establecidos por ley y/o decreto para la República Argentina y/o la ciudad de Buenos Aires, es decir:

Feriados fijos

1 de enero	Año Nuevo
24 de marzo	feriado nacional
2 de abril	feriado nacional
1 de mayo	feriado nacional
25 de mayo	feriado nacional
9 de julio	feriado nacional
8 de diciembre	Inmaculada Concepción
25 de diciembre	Navidad

Feriados que se pueden adelantar o retrasar y días no laborables

Lunes y martes de Carnaval

Jueves Santo

Viernes Santo

17 de junio	feriado nacional
20 de junio	feriado nacional
17 de agosto	feriado nacional
12 de octubre	feriado nacional

20 de noviembre   feriado nacional

7.9   Si, por circunstancias especiales, es necesario que los miembros del personal trabajen durante uno de los feriados antedichos, o si uno de los feriados antedichos cae en sábado o domingo, el feriado será observado otro día que será establecido por el secretario ejecutivo, quien tendrá en cuenta el funcionamiento eficiente de la Secretaría.

7.10   Los miembros del personal tendrán derecho a las siguientes licencias especiales[1]:

a)   Por matrimonio: 10 días consecutivos;

b)   Por la muerte de un cónyuge, pareja de hecho, hijos o padres: 3 días consecutivos;

c)   Por la muerte de hermanos, suegros o abuelos: 1 día;

d)   Por mudanza: 2 días;

e)   Para rendir examen en la enseñanza media o universitaria: 2 días consecutivos por examen, con un máximo de 10 días por año calendario.

f)   Para el cuidado, por razones de enfermedad, del cónyuge, padres o hijos del dependiente: 2 días, salvo que a criterio del secretario ejecutivo y por razones justificadas se otorgue un plazo mayor.

7.11   Luego de doce meses de empleo continuo en la Secretaría los miembros del personal podrán solicitar licencia sin goce de sueldo por razones personales hasta un máximo de tres meses, la que no deberá causar perturbaciones indebidas en el funcionamiento normal de la Secretaría. Según este principio, las fechas y duración de la licencia estarán supeditadas a la aprobación del secretario ejecutivo.

7.12   Los miembros del personal no podrán recibir licencia por enfermedad durante más de tres días consecutivos ni por un total de más de siete días hábiles en un año calendario sin presentar un certificado médico.

7.13   a) Los miembros del personal recibirán licencia por enfermedad debidamente justificada por accidente o enfermedad no profesional de acuerdo con lo establecido en el régimen legal vigente en la República Argentina.

---

[1] Los artículos 7.10, 7.11 y 7.14 se establecen de conformidad con la legislación argentina vigente; la RCTA debería revisar todo cambio significativo en la legislación argentina, pero podría revisar estas disposiciones en cualquier momento.

(b) En caso de que el accidente o enfermedad impida que un miembro del personal cumpla con sus deberes en la Secretaría, el miembro del personal y las personas a su cargo tendrán derecho al viaje de regreso y gastos de mudanza a su país de origen o al de su residencia anterior por cuenta de la Secretaría.

7.14 Los miembros del personal tendrán derecho a licencia por maternidad según lo dispuesto por el régimen legal vigente en la República Argentina. Por otro lado, el padre recibirá 10 días de licencia remunerada, que se podrán utilizar en el mismo período descrito previamente.

7.15 Después de doce meses de empleo continuo en la Secretaría, los miembros del personal tendrán derecho a la licencia parental de hasta tres meses de licencia sin goce de sueldo por el nacimiento o la adopción de un/a hijo/a.

ARTÍCULO 8

SEGURIDAD SOCIAL

8.1 Los miembros del personal serán responsables del pago total de sus contribuciones personales a la Seguridad Social. La Secretaría hará todos los aportes patronales a la Seguridad Social y pagará los seguros obligatorios que correspondan al empleador, según lo disponga la normativa de la República Argentina.

8.2 En caso de fallecimiento de un miembro del personal, sus personas a cargo tendrán derecho a una asignación por fallecimiento y al pago del viaje de regreso y los gastos de mudanza a su país de origen o residencia anterior por parte de la Secretaría, independientemente de las compensaciones a las que puedan tener derecho en virtud de la normativa de la República Argentina y las mencionadas en el artículo 10.

8.3 El derecho de las personas a cargo de un miembro del personal fallecido al pago del viaje de regreso y los gastos de mudanza caducará si el viaje no se realiza dentro de los seis meses siguientes a la fecha de fallecimiento del miembro del personal.

8.4 El antedicho subsidio por fallecimiento se calculará de acuerdo con la siguiente tabla:

Años de servicio	Meses de sueldo bruto después del fallecimiento
Menos de 3 años	3 meses
3 años y más pero menos de 7 años	4 meses
7 años y más pero menos de 9 años	5 meses

Años de servicio	Meses de sueldo bruto después del fallecimiento
9 años y más	6 meses

8.5   La Secretaría pagará los gastos de traslado habituales y razonables de los restos del difunto desde el lugar de fallecimiento hasta el lugar que indique el familiar más próximo.

ARTÍCULO 9

VIAJES

9.1   Se podrá exigir de los miembros del personal que realicen viajes, incluidos internacionales, por cuenta de la Secretaría. Todo viaje oficial deberá estar autorizado previamente por el secretario ejecutivo, dentro de los límites del presupuesto, y el itinerario y las condiciones del viaje deberán ser los más apropiados para que se consiga la máxima eficacia en el desempeño de las funciones asignadas.

9.2   Con respecto a los viajes oficiales, se pagará por adelantado un viático razonable para el alojamiento y los gastos diarios de sustento.

9.3   Para los viajes en avión se utilizará la clase económica, siempre que sea factible. Para los viajes de más de nueve horas de vuelo se podrá utilizar la clase negocios.

9.4   Para los viajes por tierra se podrá utilizar la primera clase, no así para los viajes por mar o aire.

9.5   Al término de un viaje de servicio, los miembros del personal deberán reembolsar los viáticos a los cuales resultare que no tenían derecho. Cuando los miembros del personal hayan realizado gastos superiores al viático percibido, estos les serán reembolsados contra presentación de recibos y comprobantes, siempre que tales gastos hayan sido necesarios para el desempeño de las funciones oficiales.

9.6   Al tomar posesión de un cargo de la categoría ejecutiva, los miembros del personal tendrán derecho a:

(a)   el pago de pasajes aéreos (o equivalente) y viáticos para ellos, sus cónyuges y personas a cargo hasta Buenos Aires;

(b)   el pago de los gastos de mudanza, incluido el traslado de los efectos personales y enseres familiares desde el lugar de residencia hasta Buenos Aires, sujeto a un volumen máximo de 30 metros cúbicos o un contenedor internacional estándar;

(c)   pago o reembolso de los demás gastos razonables vinculados a la reubicación, incluido el seguro de los bienes en tránsito y los gastos por exceso de equipaje. Dichos pagos estarán sujetos a la aprobación previa del secretario ejecutivo.

9.7   Los miembros del personal que en el desempeño de sus funciones deban utilizar un vehículo motorizado particular para viajes oficiales tendrán derecho, previa autorización del secretario ejecutivo, al reembolso de los gastos razonables. Los gastos normales de transporte diario de ida y vuelta al lugar de trabajo no serán reembolsados.

ARTÍCULO 10
SEPARACIÓN DEL SERVICIO

10.1   Los miembros del personal podrán renunciar en cualquier momento, con un preaviso de tres meses o de un período menor aprobado por el secretario ejecutivo (salvo para el propio secretario ejecutivo) o por la RCTA (en el caso del secretario ejecutivo).

10.2   En caso de que un miembro del personal renuncie sin dar el preaviso requerido, el secretario ejecutivo (salvo para el propio secretario ejecutivo) o la RCTA (en el caso del secretario ejecutivo) se reservará el derecho a decidir si se pagarán los gastos de repatriación u otros subsidios.

10.3   El secretario ejecutivo podrá despedir a un miembro del personal (y la RCTA al secretario ejecutivo), previa notificación por escrito por lo menos con tres meses de antelación, cuando lo estime necesario para el funcionamiento eficiente de la Secretaría, debido a la reestructuración de la Secretaría, o si considera que el miembro del personal no presta un servicio satisfactorio, no cumple las funciones y deberes estipulados en este Reglamento, o se encuentra incapacitado para prestar servicios.

10.4   En caso de cesar en el servicio de la Secretaría, los miembros del personal ejecutivo serán indemnizados a razón de un mes de sueldo base por cada año de servicio, a partir del segundo año, a menos que la causa del cese sea un incumplimiento grave de los deberes estipulados en el artículo 2.

10.5   En caso de separación involuntaria del servicio de un miembro del personal de servicios generales, se pagará una compensación de acuerdo con la normativa de la República Argentina. En caso de que la causa de la rescisión fuera un incumplimiento grave de los deberes mencionados el artículo 2, o el haber incurrido en infracciones tipificadas como muy graves en el artículo 12, no se otorgará tal indemnización.

10.6   Cuando un miembro del personal de la categoría ejecutiva cese en el servicio, tendrá derecho a lo siguiente:

(a)   el pago de pasajes aéreos en clase económica (o equivalente) hasta el país de origen o de residencia anterior para el miembro del personal y los familiares a su cargo; y

(b)   el pago de los gastos de mudanza, incluido el traslado de los efectos personales y enseres familiares desde el lugar de residencia en Buenos Aires hasta el país de origen o de residencia anterior, sujeto a un máximo de 30 metros cúbicos o un contenedor internacional.

10.7   Todo miembro del personal tendrá derecho a concluir su relación con la Secretaría para acogerse a los beneficios de la jubilación, con un aviso previo de tres (3) meses a la fecha del cese.

10.8   El secretario ejecutivo podrá intimar a un miembro del personal a acogerse al régimen jubilatorio, siempre que tal miembro del personal haya cumplido con los requisitos para obtener la prestación por jubilación establecida por ley en la República Argentina. Se dará aviso previo a tal efecto manteniéndose la relación laboral por el plazo de un año contado desde la notificación. Al término del período indicado se considerará concluida la relación laboral vinculante.

ARTÍCULO 11
PERSONAL TEMPORARIO CONTRATADO

11.1   El secretario ejecutivo podrá contratar al personal temporario necesario para desempeñar funciones especiales de corto plazo al servicio de la Secretaría. Se entenderá por «corto plazo» un contrato cuya duración sería de menos de seis meses. Dicho personal será clasificado como auxiliares adicionales y podrá ser remunerado por horas.

11.2   El personal de esta categoría puede incluir traductores, intérpretes y mecanógrafos adicionales y otras personas contratadas para reuniones, así como las personas a quienes el secretario ejecutivo contrate para una tarea determinada.

ARTÍCULO 12

RÉGIMEN DISCIPLINARIO

12.1 El secretario ejecutivo podrá aplicar sanciones disciplinarias a los miembros del personal por cualquier incumplimiento que se registre y en función de su gravedad. Dichas sanciones serán debidamente notificadas a quien haya cometido la falta disciplinaria.

El secretario ejecutivo proporcionará al miembro del personal:

a) las alegaciones de conducta indebida por escrito o por medios electrónicos, que deberían incluir las obligaciones o normas de conducta específicas que el miembro haya infringido;

b) notificación del derecho del miembro a responder a las alegaciones de conducta indebida y a presentar pruebas en un plazo de tres días hábiles.

12.2 Se establecen tres tipos de infracciones disciplinarias, que podrán sancionarse según su gravedad. Estas son:

• Infracciones menores. Pueden sancionarse con una advertencia.

• Infracciones graves. Pueden sancionarse con una advertencia o con 1 a 4 días de suspensión de empleo y sueldo.

• Infracciones muy graves. Pueden sancionarse con 5 a 10 días de suspensión de empleo y sueldo o con despido procedente.

12.3 Las infracciones sancionables se enumerarán en el Reglamento Interno de Régimen Disciplinario de la Secretaría, destacando que no se espera que dicha lista sea integral y dejará las acciones no enumeradas que merecen ser sancionadas a discreción y análisis del secretario ejecutivo.

ARTÍCULO 13

APLICACIÓN Y MODIFICACIÓN DEL REGLAMENTO

13.1 El secretario ejecutivo es responsable de la administración del presente Reglamento del Personal en nombre de la RCTA. La RCTA determinará su aplicabilidad al secretario ejecutivo.

13.2 Cualquier duda que surja en la aplicación de este Reglamento será resuelta por el secretario ejecutivo después de consultar con la RCTA.

13.3 Cualquier circunstancia no prevista en este Reglamento será puesta en conocimiento de la RCTA por el secretario ejecutivo.

13.4 Este Reglamento, incluidas sus tablas, podrá ser enmendado por una Decisión de la RCTA.

Escala de salarios correspondiente al ejercicio económico 2021/22

Tabla A

ESCALA SALARIAL PARA EL PERSONAL DE CATEGORÍA EJECUTIVA

(en dólares estadounidenses)

2021/22								RANGOS								
Nivel		I	II	III	IV	V	VI	VII	VIII	IX	X	XI	XII	XIII	XIV	XV
E1	A	135 302	137 819	140 337	142 855	145 373	147 890	150 407	152 926							
E1	B	169 127	172 274	175 421	178 569	181 716	184 863	188 009	191 158							
E2	A	113 932	116 075	118 218	120 359	122 501	124 642	126 783	128 926	131 069	133 211	135 352	135 595	137 709		
E2	B	142 415	145 093	147 772	150 449	153 126	155 802	158 479	161 158	163 837	166 513	169 190	169 494	172 136		
E3	A	95 007	97 073	99 140	101 207	103 275	105 341	107 408	109 476	111 542	113 608	115 675	116 915	118 154	120 193	122 231
E3	B	118 758	121 341	123 925	126 509	129 094	131 676	134 260	136 845	139 427	142 010	144 594	146 143	147 693	150 242	152 788
E4	A	78 779	80 693	82 609	84 518	86 435	88 347	90 257	92 174	94 089	96 000	97 915	98 448	100 336	102 223	104 110
E4	B	98 474	100 866	103 262	105 648	108 044	110 434	112 822	115 217	117 611	119 999	122 393	123 060	125 419	127 778	130 137
E5	A	65 315	67 029	68 739	70 452	72 162	73 873	75 586	77 293	79 007	80 719	82 427	82 981			
E5	B	81 644	83 786	85 924	88 065	90 203	92 342	94 482	96 617	98 759	100 899	103 034	103 726			
E6	A	51 706	53 351	54 994	56 641	58 284	59 928	61 575	63 219	64 862	65 862	66 508				
E6	B	64 632	66 689	68 742	70 801	72 855	74 910	76 969	79 024	81 078	82 328	83 135				

Nota: La fila B representa el salario base (mostrado en la fila A) con un 25 % adicional por costos de salarios (fondo de jubilación y primas de seguro, concesiones de instalación y repatriación, asignación por escolaridad. etc.) y constituye el salario total al que tiene derecho el personal ejecutivo de acuerdo con el artículo 5.1.

Tabla B

ESCALA SALARIAL PARA EL PERSONAL GENERAL

(en dólares estadounidenses)

Nivel		I	II	III	IV	V	VI	VII	VIII	IX	X	XI	XII	XIII	XIV	XV
G1		64 788	67 810	70 834	73 856	77 006	80 291									
G2		53 990	56 508	59 028	61 546	64 172	66 909									
G3		44 990	47 089	49 189	51 288	53 477	55 760									
G4		37 493	39 242	40 991	42 741	44 564	46 466									
G5		30 972	32 419	33 863	35 310	36 818	38 391									
G6		25 388	26 571	27 756	28 941	30 177	31 465									
G7		13 724	14 317	14 911	15 505	16 124	16 770									

Nota: Las versiones aprobadas se actualizan en forma regular como parte del programa y presupuesto de la Secretaría.

REGLAMENTO FINANCIERO DE LA SECRETARÍA DEL TRATADO ANTÁRTICO

ARTÍCULO 1
APLICABILIDAD

1.   El presente Reglamento regirá la administración financiera de la Secretaría del Tratado Antártico (la Secretaría) establecida de conformidad con la Medida 1 (2003) de la XXVI RCTA (la Medida).

ARTÍCULO 2
EJERCICIO ECONÓMICO

2.   El ejercicio económico será de 12 meses, iniciándose el 1 de abril y finalizando el 31 de marzo, ambos inclusive.

ARTÍCULO 3
EL PRESUPUESTO

3.1   El Secretario Ejecutivo deberá preparar un proyecto de presupuesto que comprenda estimaciones de los ingresos y gastos de la Secretaría para el ejercicio económico siguiente.

3.2   El proyecto de presupuesto deberá incluir una relación de las consecuencias financieras importantes para los ejercicios económicos subsiguientes de todo programa de trabajo presentado por la RCTA en lo que se refiere a gastos administrativos, ordinarios y de capital.

3.3   El proyecto de presupuesto estará dividido por funciones en partidas y, cuando sea necesario o apropiado, en subpartidas.

3.4   El proyecto de presupuesto deberá estar acompañado de una relación detallada de las asignaciones hechas para el ejercicio anterior y de los gastos estimados correspondientes a dichas asignaciones, junto con la documentación que puedan solicitar las Partes o que el Secretario Ejecutivo estime necesario o conveniente. La forma precisa en que deberá presentarse el proyecto de presupuesto será establecida por la RCTA.

3.5   El Secretario Ejecutivo presentará el proyecto de presupuesto a todas las Partes Consultivas de la RCTA por lo menos 60 días antes de la RCTA. Al mismo tiempo, y de la misma forma que el proyecto de presupuesto, el Secretario Ejecutivo preparará y presentará a todas las Partes Consultivas una previsión de presupuesto para el ejercicio económico siguiente.

3.6   El proyecto de presupuesto y la previsión de presupuesto deberán ser presentados en moneda estadounidense.

3.7   En cada reunión anual, la RCTA deberá aprobar el presupuesto para la Secretaría. El presupuesto será tratado como tema de fondo y será aprobado por un representante de todas las Partes Consultivas presentes en la reunión. Al determinar el monto del presupuesto, la RCTA deberá ceñirse al principio de eficiencia en relación a sus gastos.

ARTÍCULO 4
ASIGNACIONES PRESUPUESTARIAS

4.1   Las asignaciones presupuestarias aprobadas por la RCTA constituirán una autorización en virtud de la cual el Secretario Ejecutivo podrá contraer obligaciones y efectuar pagos para los fines para los cuales se hayan aprobado dichas asignaciones y por el monto máximo aprobado.

4.2   Todo compromiso con cargo a ejercicios futuros deberá indicarse en el presupuesto anual que se presente a la RCTA. A menos que la RCTA decida lo contrario, el Secretario Ejecutivo podrá contraer obligaciones con cargo a ejercicios futuros antes que se aprueben las asignaciones presupuestarias, siempre que dichas obligaciones sean necesarias para la continuación del funcionamiento efectivo de la Secretaría y se limiten a necesidades administrativas de carácter permanente que no superen el monto de las que han sido autorizadas en el presupuesto del ejercicio económico en curso. En otras circunstancias el Secretario Ejecutivo podrá contraer obligaciones con cargo a ejercicios futuros solamente con la autorización de la RCTA.

4.3   Las asignaciones presupuestarias estarán disponibles para el ejercicio económico al cual correspondan. Al término del ejercicio económico dichas asignaciones caducarán. Los compromisos correspondientes a asignaciones anteriores que no se hayan saldado al final del ejercicio serán arrastrados e incluidos en el presupuesto del ejercicio económico siguiente, a menos que la RCTA decida otra cosa.

4.4   El Secretario Ejecutivo podrá efectuar transferencias dentro de cada una de las asignaciones principales del presupuesto aprobado. El Secretario Ejecutivo también podrá efectuar transferencias entre tales asignaciones que no superen el 15% de las asignaciones. El Secretario Ejecutivo deberá informar sobre toda transferencia de ese tipo en la reunión anual siguiente de la RCTA. Las transferencias autorizadas en el presente Reglamento no resultarán en un aumento general del presupuesto por encima de la cifra aprobada por la RCTA ni en un aumento de los gastos en años futuros.

4.5   La RCTA establecerá las condiciones en las cuales se podrán realizar gastos imprevistos y extraordinarios.

ARTÍCULO 5

DOTACIÓN DE FONDOS

5.1   Una vez que se haya aprobado el presupuesto para un ejercicio económico, el Secretario Ejecutivo enviará una copia a todas las Partes Consultivas, notificándoles el importe de sus contribuciones y la fecha en que deberán pagarlas, y solicitándoles que remitan dichas contribuciones.

5.2   Todas las contribuciones se efectuarán en moneda estadounidense.

5.3   Las contribuciones de los Estados que se conviertan en Partes Consultivas tras el comienzo del ejercicio económico se efectuarán *pro rata temporis* para el resto del ejercicio económico.

5.4   El Secretario Ejecutivo acusará recibo de las contribuciones y promesas de contribuciones en cuanto las reciba. El Secretario Ejecutivo informará, en cada reunión de la RCTA, sobre las contribuciones recibidas y la situación de los atrasos en los pagos.

5.5   Las contribuciones serán pagaderas el primer día del ejercicio económico (es decir, en la fecha de vencimiento) y deberán ser pagadas a más tardar a los 90 días de esa fecha. Sin embargo, en el caso mencionado en el artículo 5.3, las contribuciones de una nueva Parte Consultiva deberán ser pagadas dentro de los 60 días siguientes a la fecha en la cual su adhesión entre en vigor.

ARTÍCULO 6

FONDOS

6.1   a) Se establecerá un Fondo General con el propósito de contabilizar los ingresos y gastos de la Secretaría;

    b) las contribuciones pagadas por las Partes Consultivas de conformidad con el artículo 4 de la Medida 1 (2003) al rubro de ingresos varios tal como se señala en el artículo 7.1 deberán ser acreditadas al Fondo General;

    c) los anticipos efectuados por las Partes Consultivas serán acreditados en el haber de las Partes que hayan efectuado dichos anticipos.

6.2   a) Se establecerá un Fondo de Operaciones de un monto inferior o igual a un sexto (1/6) del presupuesto de ese ejercicio económico a fin de garantizar la continuidad de las operaciones en caso de déficit temporario de fondos y para otros fines que la RCTA determine periódicamente. El Fondo de Operaciones se constituirá inicialmente, hasta la cuantía especificada, con una transferencia del Fondo General y, en adelante, con el fondo que la Reunión Consultiva del Tratado Antártico considere apropiado;

b) los adelantos del Fondo de Operaciones para financiar asignaciones presupuestarias durante un ejercicio económico deberán reembolsarse cuanto antes y en la medida en que se disponga de ingresos para tal fin;

c) los ingresos derivados de las inversiones del Fondo de Operaciones se acreditarán a ingresos varios en el Fondo General; y

d) la Secretaría podrá establecer fondos fiduciarios y especiales, a indicación de la RCTA, con el propósito de recibir fondos y efectuar pagos para fines que no estén comprendidos en el Fondo General o el Fondo de Operaciones de la Secretaría. La RCTA definirá claramente el propósito y los límites de cada fondo fiduciario y especial. Salvo decisión en contrario de la RCTA, dichos fondos serán administrados de conformidad con el presente Reglamento.

6.3 a) La Secretaría deberá notificar a las Partes Consultivas sobre todo superávit de caja del Fondo General que, al cierre del ejercicio económico, no se necesite para cumplir compromisos no saldados y sobre la parte proporcional de dicho superávit correspondiente a cada Parte Consultiva. Las Partes que opten por no dejar su parte del superávit en el Fondo General deberán comunicárselo a la Secretaría y dicha parte del superávit deberá acreditarse en el haber de dichas Partes Consultivas correspondiente a las contribuciones para el ejercicio económico siguiente. De lo contrario, los superávit de caja permanecerán en el Fondo General.

6.4 Cuando se reciban contribuciones de nuevas Partes Consultivas después del comienzo del ejercicio económico y tales contribuciones no hayan sido tomadas en cuenta en la formulación del presupuesto, deberán depositarse en el Fondo General.

ARTÍCULO 7

OTROS INGRESOS

7.1 Todos los ingresos que no sean las contribuciones al presupuesto efectuadas de conformidad con el artículo 5, así como los ingresos derivados de inversiones del Fondo de Operaciones de conformidad con el artículo 6.2 c) y los mencionados en el artículo 7.5 siguiente, serán clasificados como ingresos varios y acreditados al Fondo General.

7.2 Las ganancias y pérdidas cambiarias deberán acreditarse y debitarse en ingresos varios.

7.3 El uso de recursos de ingresos varios estará sujeto a los mismos controles financieros que las actividades financiadas con asignaciones del presupuesto ordinario.

7.4   El Secretario Ejecutivo podrá aceptar contribuciones voluntarias superiores a las contribuciones presupuestarias de las Partes Consultivas, siempre que los propósitos para los cuales se efectúen las contribuciones estén de acuerdo con las directrices, finalidades y actividades de la RCTA. Las contribuciones voluntarias ofrecidas por Partes No Consultivas y por no Partes podrán ser aceptadas siempre que la RCTA esté de acuerdo en que los propósitos de dichas contribuciones concuerden con las directrices, finalidades y actividades de la RCTA.

7.5   Las contribuciones voluntarias mencionadas en el artículo 7.4 precedente serán tratadas como fondos fiduciarios o especiales de conformidad con el artículo 6.2 (d).

ARTÍCULO 8

CUSTODIA DE LOS FONDOS

8.1   El Secretario Ejecutivo designará uno o varios bancos donde se depositarán los fondos de la Secretaría y comunicará a la RCTA el nombre del banco o los bancos designados.

8.2   a)   El Secretario Ejecutivo podrá invertir a corto plazo los fondos que no se necesiten para las necesidades inmediatas de la Secretaría. Estas inversiones se limitarán a títulos y otras inversiones de instituciones u órganos gubernamentales con clasificación actualizada conferida por un organismo de clasificación aprobado por el auditor de la Secretaría que indique una capacidad de pago sólida. Los detalles de las transacciones de las inversiones y de los ingresos obtenidos deberán constar en los documentos que acompañen al presupuesto.

   b)   Con respecto a los haberes depositados en fondos fiduciarios o especiales que no se necesiten por lo menos durante 12 meses, la RCTA podrá autorizar inversiones a más largo plazo siempre que dicha operación sea compatible con las condiciones con las cuales estos fondos fueron entregados a la Secretaría. Estas inversiones se limitarán a títulos y otras inversiones de instituciones u órganos gubernamentales con clasificación actualizada conferida por un organismo de clasificación aprobado por el auditor de la Secretaría que indique una capacidad de pago sólida.

8.3   Los ingresos derivados de inversiones se acreditarán al Fondo con el cual se haya realizado la inversión.

ARTÍCULO 9

CONTROL INTERNO

9.1   El Secretario Ejecutivo deberá:

   a)   establecer normas y procedimientos financieros detallados, después de consultar con el auditor externo, para asegurar una administración financiera efectiva y la economía en el uso de los fondos, así como la custodia efectiva de los activos físicos de la Secretaría;

b) cerciorarse de que todos los pagos se efectúen sobre la base de comprobantes y otros documentos que dejen constancia de que los bienes o servicios hayan sido recibidos y de que no se haya efectuado el pago previamente;

c) designar funcionarios que puedan recibir fondos, contraer obligaciones y efectuar pagos en nombre de la Secretaría; y

d) mantener el control financiero interno y responsabilizarse del mismo para asegurar:

   i) la regularidad de la recepción, custodia y enajenación de todos los fondos y otros recursos financieros de la Secretaría;

   ii) la conformidad de las obligaciones y los gastos con las asignaciones aprobadas en la RCTA; y

   iii) el uso económico de los recursos de la Secretaría.

9.2 No se contraerán obligaciones hasta que las asignaciones u otras autorizaciones apropiadas hayan sido dadas por escrito bajo la autoridad del Secretario Ejecutivo.

9.3 El Secretario Ejecutivo podrá proponer a la RCTA, después de haber realizado una investigación exhaustiva, que se amorticen totalmente las pérdidas de activos, siempre que el auditor externo así lo recomiende. Dichas pérdidas por amortización se incluirán en las cuentas anuales.

9.4 Se pedirán ofertas por escrito para equipos, suministros y otras necesidades, mediante anuncios o solicitud directa de cotizaciones por lo menos de tres personas o firmas, si las hubiere, que puedan suministrar dichos equipos, materiales y otros requisitos, para todas las compras o contratos cuyo importe supere los US$2.000. Para los importes superiores a US$500 pero inferiores a US$2.000, se llamará a licitación, ya sea por los medios antedichos o mediante consulta personal o telefónica. Las reglas anteriores no se aplicarán, sin embargo, en los casos siguientes:

a) cuando se haya comprobado que hay un solo proveedor y así lo acredite el Secretario Ejecutivo;

b) en caso de emergencia o cuando, por cualquier otra razón, estas normas no sean las más convenientes desde el punto de vista financiero para la Secretaría y este hecho sea certificado por el Secretario Ejecutivo.

ARTÍCULO 10

CONTABILIDAD

10.1 El Secretario Ejecutivo deberá cerciorarse de que se lleven libros de contabilidad y cuentas adecuados de todas las transacciones y asuntos de la Secretaría y de que todos los pagos con fondos de la Secretaría se efectúen correctamente y estén debidamente autorizados. El Secretario Ejecutivo deberá cerciorarse también de que se mantenga un control adecuado de los activos de la Secretaría o que estén bajo la custodia de la misma, así como un control adecuado de las obligaciones que asuma la Secretaría.

10.2 El Secretario Ejecutivo presentará a las Partes Consultivas, cuanto antes pero no después del 30 de junio siguiente al final del ejercicio económico, estados financieros anuales que muestren lo siguiente en relación con el ejercicio económico al cual se refieran:

a) los ingresos y gastos relativos a todos los fondos y cuentas;

b) la situación con respecto a las asignaciones presupuestarias, incluyendo:

    i) las asignaciones presupuestarias originales;

    ii) los gastos aprobados que excedan las asignaciones presupuestarias originales;

    iii) cualquier otro ingreso;

    iv) las sumas cargadas a dichas asignaciones y otros ingresos;

c) el activo y pasivo financieros de la Secretaría;

c) detalles del desempeño de las inversiones; y

d) la amortización total de las pérdidas de activos de conformidad con el artículo 9.3.

10.3 El Secretario Ejecutivo deberá proporcionar además cualquier otra información pertinente que explique la situación financiera de la Secretaría. Estos estados financieros deberán ser preparados de una forma que haya sido aprobada por la RCTA después de consultar con el auditor externo.

10.4 Las transacciones contables de la Secretaría se registrarán en la moneda en la cual se hayan efectuado, pero los estados financieros anuales deberán indicar todas las transacciones en moneda estadounidense.

10.5 Se deberán llevar cuentas separadas apropiadas para el Fondo de Operaciones y todos los fondos especiales y fiduciarios.

ARTÍCULO 11

AUDITORÍA EXTERNA

11.1 La RCTA nombrará un auditor externo, que deberá ser el Auditor General u otra autoridad reglamentaria equivalente de una Parte Consultiva de la RCTA, el cual tendrá un mandato de dos años con la posibilidad de ser nombrado nuevamente. La RCTA asegurará la independencia del auditor externo respecto de la Secretaría y del personal de la Secretaría. La RCTA establecerá las condiciones de su cargo, asignará fondos para el auditor externo y podrá consultarle acerca de la introducción o enmienda de normas financieras, métodos de contabilidad detallados o cualquier asunto que afecte a los procedimientos y la metodología de la auditoría.

11.2 En todo momento razonable, el auditor externo o la persona o personas autorizadas por él o ella tendrá(n) pleno y libre acceso a todas las cuentas y registros de la Secretaría relacionados directa o indirectamente con el recibo o pago de dinero por ésta o con la adquisición, recepción, custodia o enajenación de activos por la Secretaría. Esto se aplica también a subsidios tales como gastos de viajes y representación. El auditor externo o la persona o personas autorizadas por él o ella podrá(n) sacar copias o extractos de cualquiera de dichas cuentas o registros.

11.3 Si la RCTA le solicita que realice una auditoría completa, el auditor externo deberá examinar los estados financieros de conformidad con las normas contables generalmente aceptadas e informar a la RCTA sobre todos los asuntos pertinentes, incluidos los siguientes:

a) si, en su opinión, los estados financieros están basados en cuentas y registros correctos;

b) si los estados financieros concuerdan con las cuentas y registros;

c) si, en su opinión, los ingresos, gastos e inversiones de fondos y la adquisición y enajenación de activos por la Secretaría durante el ejercicio han estado de acuerdo con el presente Reglamento; y

d) sus observaciones con respecto a la eficiencia y la economía de los procedimientos financieros, así como a la realización de las operaciones, el sistema de contabilidad, los controles financieros internos y la administración y gestión de la Secretaría.

11.4 Si la RCTA le solicita que realice una auditoría resumida, el auditor externo deberá examinar los estados financieros y los controles contables en vigor. El auditor externo deberá informar a la RCTA si encuentra algo que le haga dudar de que:

a) los estados financieros se basan en cuentas y registros correctos;

b) los estados financieros concuerdan con las cuentas y registros; o

c) los ingresos, gastos e inversiones de fondos y la adquisición y enajenación de activos por la Secretaría durante el ejercicio se ciñen al presente reglamento.

11.5 El Secretario Ejecutivo pondrá a disposición del auditor externo los medios que necesite para llevar a cabo la auditoría.

11.6 El Secretario Ejecutivo proporcionará a las Partes de la RCTA una copia del informe de la auditoría y de los estados financieros auditados dentro de los 30 días siguientes a su recepción.

11.7 Si fuera necesario, la RCTA invitará al auditor externo a dirigirse a la Reunión y a asistir a las deliberaciones sobre cualquier asunto que esté siendo investigado, y considerará las recomendaciones emanadas de sus conclusiones.

ARTÍCULO 12

Aprobación de los estados financieros anuales

12.   La RCTA, después de examinar los estados financieros anuales auditados y el informe de auditoría presentado a las Partes Consultivas de acuerdo con el artículo 11, expresará su aceptación de los estados financieros anuales auditados o tomará cualquier otra medida que considere apropiada.

ARTÍCULO 13

Seguro

13.   La Secretaría contratará los seguros que corresponda contra cualquier riesgo normal de sus activos con una o más instituciones financieras de buena reputación.

ARTÍCULO 14

Disposiciones generales

14.1 El presente Reglamento podrá ser enmendado por una Decisión de la RCTA.

14.2 Cuando la RCTA considere asuntos que puedan llevar a una decisión que tenga consecuencias administrativas o financieras, deberá tener a su disposición una evaluación de esas consecuencias realizada por el Secretario Ejecutivo.

MEDIDA 1 (2003)
SECRETARÍA DEL TRATADO ANTÁRTICO

Los Representantes,

Recordando el Tratado Antártico y el Protocolo al Tratado Antártico sobre Protección del Medio ambiente (el Protocolo);

Reconociendo la necesidad de que la Secretaría brinde asistencia a la Reunión Consultiva del Tratado Antártico (la RCTA) y el Comité para la Protección del Medio Ambiente (el CPA) para cumplir con sus funciones;

Recordando la Decisión 1 (2001) de la XXIV RCTA sobre el establecimiento de la Secretaría del Tratado Antártico (la Secretaría) en Buenos Aires, Argentina.

Recomiendan a sus Gobiernos la aprobación de la siguiente Medida de conformidad con el párrafo 4 del artículo IX del Tratado Antártico.

ARTÍCULO I
SECRETARÍA

La Secretaría será un órgano de la RCTA. Como tal estará subordinada a la RCTA.

ARTÍCULO II
FUNCIONES

1. La Secretaría desempeñará las funciones que le sean confiadas por la RCTA para dar apoyo a la RCTA y el CPA.

2. Bajo la dirección y supervisión de la RCTA, la Secretaría se ocupará en particular de lo siguiente:

a) Brindar, con la asistencia del Gobierno anfitrión, apoyo a la Secretaría para las reuniones celebradas al amplaro del Tratado Antártico y el Protocolo, así como otras reuniones celebradas con la RCTA. El apoyo de la Secretaría abarcará las siguientes tareas:

i) Obtención de información de las reuniones de la RCTA y el CPA, por ejemplo, las Evaluaciones de Impacto Ambiental y los Planes de Gestión;

ii) trabajo preparatorio para los programas e informes y distribución de los mismos;

iii) traducción de los documentos de las reuniones;

iv) provisión de los servicios de interpretación;

v) el copiado, la organización y distribución de los documentos de las reuniones; y

vi) la asistencia a la RCTA para la redacción de los documentos de las reuniones, incluido el Informe Final;

b) dará apoyo en la coordinación del trabajo entre sesiones de la RCTA y el CPA facilitando el intercambio de información, la organización de las instalaciones para las reuniones y ofreciendo otra asistencia en materia de tareas de secretaría según lo solicite la RCTA;

c) facilitará y coordinará las comunicaciones y el intercambio de información entre las Partes sobre todos los intercambios requeridos de conformidad con el Tratado Antártico y el Protocolo al Tratado Antártico sobre Protección del Medio Ambiente;

d) bajo la dirección de la RCTA, proveerá la coordinación necesaria y los contactos con otros elementos del Sistema del Tratado Antártico y otros órganos internacionales pertinentes y otras organizaciones según corresponda;

e) establecerá, mantendrá, desarrollará y, según corresponda, publicará las bases de datos pertinentes para la operación del Tratado Antártico y el Protocolo al Tratado Antártico sobre Protección del Medio Ambiente;

f) distribuirá entre las Partes toda otra información pertinente y difundirá la información sobre las actividades en la Antártida;

g) registrará, mantendrá y publicará, según corresponda, los registros de las RCTA, CEP y otras reuniones celebradas al amparo del Tratado Antártico y el Protocolo al Tratado Antártico sobre Protección del Medio Ambiente;

h) facilitará la disponibilidad de la información acerca del Sistema del Tratado Antártico;

i) preparará los informes relativos a sus actividades y los presentará a la RCTA;

j) dará asistencia a la RCTA para revisar el estado en que se encuentran las anteriores Recomendaciones y Medidas adoptadas de conformidad con el artículo IX del Tratado Antártico;

k) bajo la dirección de la RCTA, asumirá la responsabilidad de mantener y actualizar el Manual del Sistema del Tratado Antártico; y

l) llevará a cabo otras funciones que la RCTA considere pertinentes para lograr los objetivos del Tratado Antártico y del Protocolo al Tratado Antártico sobre Protección del Medio Ambiente.

ARTÍCULO III
SECRETARIO EJECUTIVO

1.   La Secretaría estará dirigida por un Secretario Ejecutivo a ser nombrado por la RCTA a partir de candidatos que sean ciudadanos de las Partes consultivas. El procedimiento para la selección del Secretario Ejecutivo será determinado por una Decisión de la RCTA.

2.   El Secretario Ejecutivo nombrará a los miembros del personal esenciales para llevar a cabo las funciones de la Secretaría y contratará expertos según proceda. El Secretario Ejecutivo y el resto del personal actuarán de conformidad con los procedimientos, términos y condiciones estipulados en el Estatuto del Personal, el cual será adoptado mediante una Decisión de la RCTA.

3.   Durante el período entre sesiones, el Secretario Ejecutivo realizará las consultas de conformidad con lo que fije el Reglamento.

ARTÍCULO IV
PRESUPUESTO

1.   La Secretaría funcionará de una manera costo-efectiva.

2.   Los representantes de todas las Partes Consultivas presentes en la RCTA aprobarán el presupuesto de la Secretaría.

3.   Cada Parte Consultiva habrá de contribuir al presupuesto de la Secretaría. La mitad del presupuesto vendrá de aportes de las Partes Consultivas por partes iguales. La otra mitad del presupuesto vendrá de aportes de las Partes Consultivas en función de la magnitud de sus actividades nacionales en la Antártida, tomando en cuenta la capacidad de pago de cada Parte Consultiva.

4.   El método de cálculo de la escala de contribuciones forma parte de la Decisión 1 (2003) y la Tabla adjunta a ésta. La RCTA podrá enmendar mediante una Decisión las proporciones en las cuales habrán de regir los dos criterios arriba mencionados y el método de cálculo de la escala de contribuciones.

5.   Toda Parte Contratante podrá realizar contribuciones voluntarias en todo momento.

6.   El reglamento financiero será adoptado mediante una Decisión de la RCTA.

ARTÍCULO V
CAPACIDAD JURÍDICA Y PRIVILEGIOS E INMUNIDADES

1.   La capacidad jurídica de la Secretaría como órgano de la RCTA así como sus privilegios e inmunidades y los del Secretario Ejecutivo y otros miembros del personal en el territorio de la República Argentina estarán contemplados en el

Acuerdo de Sede de la Secretaría del Tratado Antártico (el Acuerdo de Sede) adoptado por la presente medida anexado a ella, el cual deberá celebrarse entre la RCTA y la República Argentina.

2.	La RCTA autoriza por la presente a la persona que ocupa la presidencia a concluir en su nombre el Acuerdo de Sede en el momento de entrada en vigor de la presente Medida.

3.	La Secretaría podrá ejercer su capacidad jurídica de conformidad con lo que fija el artículo 2 del Acuerdo de Sede únicamente en la medida en que esté autorizada por la RCTA. En el marco del presupuesto aprobado por la RCTA y de conformidad con toda otra decisión que pudiere tomar la RCTA, la Secretaría está autorizada, por la presente, a contratar, adquirir y enajenar propiedad mueble en aras de desempeñar sus funciones, fijadas en el artículo 2 de la presente Medida.

4.	La Secretaría no podrá adquirir o enajenar propiedades inmuebles ni entablar acciones legales sin la previa aprobación de la RCTA.

www.ingramcontent.com/pod-product-compliance
Lightning Source LLC
Chambersburg PA
CBHW081359130726
47998CB00011B/3018